普通高等教育应用创新系列教材

创意与创新

主　编　马彦彬　池灵达　赖靖靖
副主编　蒋湘玉　陈媛婷　林金燕
参　编　金士先　汪文政

科学出版社
北　京

内 容 简 介

本书全面、系统地讲解了创意与创新的基本原理和基本方法，以设计思维为基础框架，注重对创意、创新中涉及的基本方法的把握与练习；注重对创意与创新案例的介绍与分析，分享涉及科技创新、文化创新、服务创新等领域的案例；并通过例题与线上、线下的互动，帮助学生理解创意与创新的基本理念、方法和实际运用；同时注重培养学生团队协作、沟通表达、动手实践的能力，注重培养学生创意思维、创新意识，为学生适应快速发展的社会变化奠定坚实的基础。

本书主要作为普通高校各专业学生的学习用书，也可作为涉及创意与创新的行业、企业的从业人员的参考用书。

图书在版编目（CIP）数据

创意与创新 / 马彦彬，池灵达，赖靖靖主编 . —北京：科学出版社，2019.9

普通高等教育应用创新系列教材

ISBN 978-7-03-061843-6

Ⅰ. ①创…　Ⅱ. ①马… ②池… ③赖…　Ⅲ. ①大学生－创业－高等学校－教材　Ⅳ. ① G647. 38

中国版本图书馆 CIP 数据核字（2019）第 142458 号

责任编辑：王京苏 / 责任校对：贾娜娜
责任印制：张　伟 / 封面设计：蓝正设计

科 学 出 版 社出版
北京东黄城根北街 16 号
邮政编码：100717
http://www.sciencep.com

北京虎彩文化传播有限公司 印刷

科学出版社发行　各地新华书店经销

*

2019 年 9 月第　一　版　开本：787 × 1092　1/16
2024 年 1 月第六次印刷　印张：7 1/4
字数：168 000

定价：68.00 元

（如有印装质量问题，我社负责调换）

前　言

阳光创意　创新阳光

进入21世纪以来，人们正处在一个不断变化和发展的世界环境中。现代化造就了社会福祉发展与技术进步，但随之而来的环境污染、自然资源枯竭、贫富差距加大、失业率增加等因素，引发了一系列新的问题和危机，甚至威胁人类的生存。同时，在全球化进程中也面临各种反全球化逆流的阻碍，例如，贸易全球化正受到单边主义、保护主义的干扰，原本快速成长与逐步繁荣的市场经济受到了严峻的挑战，这是世界交给全人类的新考卷！

“创新创业”正是回答这一考卷的一次尝试。第71届联合国大会在2017年4月27日协商一致通过关于纪念“世界创新日”的第284号决议，确认创新对于每个国家发挥经济潜力至关重要，呼吁各国支持“大众创业，万众创新”，这将为各国实现经济增长、创造就业凝聚新动力，为包括妇女和青年在内的所有人创造新的机遇。这个决议印证了中国近年全力推动的“大众创业，万众创新”举措的正确性，也为国际社会贡献了解决方案，成为世人共同接受的发展路径。

创新创业教育必须培养青年，并在高校扎根，因为青年是创新创业最主要的生力军，高校是创新创业最重要的智力基地。近年来，在高校积极推进创新创业教育的努力下，从校园到社会不断打造出蓬勃兴旺的新产业、新技术、新业态和新模式，成为国家发展的新动力、新成果与新希望！中国稳居全球第二大经济体，创新指数排名不断上升，专利发明和独角兽企业[①] 的数量都领先所有国家，而且这个势头不仅会持续下去，还会更快更强！

高校对创新创业的最大贡献与最佳角色在于“教育”。我们深刻体会到创新创业的基础是教育，创新创业教育的目标是育人。高校在引导学生迈向“双创”（创新与创业）的过程中，一开始就直接要求学生进行创新并不实际，必须先采用适当的方法激发学生的创新意识，并指导学生如何发散思维和归纳创意，创新才有旺盛的动力与具体的方向，创新才不会沦于随意的幻想或只是单纯的标新立异。另外，虽然应该鼓励学生创业，但创业不是每个人都必然选择的人生道路，何况创业的成功率不高，初次创业成功的可能性更低，因此，大学生的创业之路通常会延伸到毕业之后。然而，

---

① 独角兽企业一般指投资界对于10亿美元以上估值、创办时间相对较短（一般不超过10年）的企业的称谓。

终身学习、持续创新的“创客精神”，却是每个大学生终其一生都需要具备的素质。于是，贯穿学生全生涯的“四创”教育：从创意（0 ～ 1）到创新（1 ～ 90）、从创新到创业（90 ～ 100）、从创业到创客（100 ～ ），构成了我们对于创新创业教育的基本理念，以及创新创业课程体系的基本结构，希望补足一般高校“双创”教育的不足。

本书主要满足“四创”中最基础、最普及的“创意与创新”阶段的学习需求。本书由 8 位老师组成的编写团队，参考美国斯坦福大学创意启发与创新实作课程的精神，广搜中外材料，反复论证与实验修正而成。本书从构思、编写到出版，一共经历 5 个学期，在超过 100 个班级、5000 名以上学生的大一必修课上，经过实际的教学探索与印证，确认了本书具备教师教学操作的可行性，而且实际教学效果符合预期。为了协助教师更方便有效地使用本书，我们还配有每个教学单元的 PPT 课件与中外案例库，如有需要，我们也乐意为使用本书的任课教师提供相关教学材料与课程资源。

本书的章节安排特别针对初入高校的低年级学生，综合运用原理解说、实例观摩和课堂活动，循序渐进地引导学生认识创意和创新的意义、重要性与价值，继而培养学生对问题的感知力，激发学生的创意意识与思考能力。本书模拟各种创新的方法与模式，帮助学生了解如何形成跨领域团队的程序与要诀，并指导学生如何通过团队合作的实际操作，针对身边、校园或社会的真实情境，找出问题的解决途径，最后形成有形的产品（样品）或可行的行动方案。这种以解决问题为导向的项目式教学，使创意与创新在实际情境的土壤中萌芽，使学生获得实践的体验与成就感。

过去未去，未来已来！新科技的不断进步与技术的不断突破，催生了诸如人工智能、大数据、新材料、新能源、基因工程等新兴领域，这些都在改变人们的生产模式、生活方式甚至重塑社会结构。信息与智能时代的叠加，为创新创业带来更大的挑战与更多的机遇。因此，创新创业教育本身更需要不断自我超越、深度创新！我们在出版本书的同时，也在反思：教材作为创新创业教育的一种工具，应该如何自我超越、深度创新？当我们教导学生逆向思考、介绍“颠覆式创新”的时候，教材本身如何翻转与超越？经过创意与创新，我们或许可以重塑“教材”的概念，创造新的课堂与教学模式，造就新的出版业态。这是我们对于下一本“教材”的自我期许！

虽然编写团队为本书投入大量时间与精力，但疏漏难免，期待各界专家的指导与指正，以利再版时增补修订。

马彦彬

2019 年 6 月于福州马尾卧龙山

目　录

第一章　开启创意之旅

单元一　创意是怎么一回事

教学目标

建立对“创意”的认识；了解创意产生的要素；了解本课程通过哪些方面进行创意能力的培养。

一、创意是什么

通常在此处要给出创意的定义，然而创意是一种超越的表现，用一个定义把创意给框住，这本身就违背了创意。但为了便于讨论，本书先引用著名剧作家赖声川在其著作《赖声川的创意学》中使用的一个表述：创意是生产作品的能力，这些作品既新颖（也就是原创性、不可预期）又适当（也就是符合用途，适合目标所给予的限制）。这句话表达出创意的两个方面：①“新颖”属于创意的构想面，要有想象力、灵感、智慧等令人梦寐以求的东西；②“适当”属于创意的执行面，要可行、有作用、需要方法。例如，科技领域的论证与实现，艺术领域的表达与理解，商业领域的需求与效益。

在创意的产生过程中，“智慧”与“方法”都是必需的，而且“智慧”发生在“方法”之前。然而，当今大多数的学习都将重点放在“方法”上，传授大量的专业知识与技能，而“智慧”似乎只能靠个人去发觉。如何学习创意的“智慧”，是本课程最为重要的问题。

二、课堂活动：团队组建

为了能够有更多的创意涌现，本课程中的一些活动及任务都是以小组为单位的团队形式进行的。每个小组 5 ～ 7 人为宜。利用五型人格测试，快速测试每个人的性格特质，然后尽可能地将不同性格特质的人组合在一起组建为团队。

五型人格测试是一种通过回答问卷快速测试人的性格特质的方法，被广泛地运用在企业的人才选择中。它把人的性格特质划分成老虎、孔雀、考拉、猫头鹰、变色龙五种类型。

（1）老虎型人格，企图心强，喜欢冒险，积极进取，果断勇敢，善于控制局面，执行力强，注重效率效果。但也可能会冲动和冒险，容易忽视细节，不太顾及他人的感受。常常在团队中担任领导者的角色。

（2）孔雀型人格，热情开朗，个性乐观，表现欲强，善于活跃气氛，人际交往能力强，表达能力、感染能力强。但也可能不拘小节，专注力弱，不擅执行。适合负责对外交流的工作。

（3）考拉型人格，行事稳健，注重平实，耐力过人，温和善良。这种性格的人善于倾听，合作性强。但也可能犹豫不决，不愿面对争执和冲突。在团队中适合负责处理常规性的工作。

（4）猫头鹰型人格，注重准确，个性内敛，注重计划，有系统性，有逻辑性。这种性格的人善于研究发现，思考逻辑能力强，注重细节和过程，理智。但也可能过于追求完美而忽视重点，易挑剔，而显得固执。适合负责较复杂问题的处理。

（5）变色龙型人格，个性不突出，协调能力强，配合度高，善于整合资源，以合理化与中庸之道来待人处事，但也可能没什么立场和原则，没有什么强烈的个人意愿。常常在团队里发挥“润滑油”的效果。

第一步：请扫描以下二维码进行测试，测试时请注意：10 分钟内不假思索地完成，真实地展现自己，而非你期待的样子，尽量避免中立的答案。

五型人格测试问卷

第二步：请将测试结果画下来，不要使用任何文字来表达。

请将测试结果画下来。

第三步：将画好的结果拿在胸前展示给他人，然后尽可能地寻找不同性格特质的人组成为团队。

三、创意是怎么产生的

为了学习创意的“智慧”，需要对创意的产生过程进行深入的剖析，从而才能找到习得这种“智慧”的关键因素。

1. 创意是凭空而来的吗

人们在灵感涌现的一瞬间到底发生了什么？当苹果从树上落下时，牛顿的脑子里到底发生了什么？首先，牛顿的脑子里出现了一个问题“苹果为什么会落下”；其次，牛顿的脑子里已经有一些相关的原料“物体的运动都是由力的作用引起的”；最后，牛顿把问题与原料联系到一起，于是有了“万有引力”定律。

2. 问题是必需的吗

问题是必需的。创意就是先找到一个问题，然后解决这个问题。问题可以是自拟的，也可以是来自外部的。虽然有时问题并不十分明确，但没关系，说不清楚的问题也是问题。简单的问题创造简单的挑战，复杂而有深度的问题促使创作者寻找复杂而有深度的解答。能否提出有深度的问题，仅靠思维训练是不够的，这还有关于创作者自身的深度、情感、欲望以及智慧。

3. 原料从哪来

我们所经历过、看过、想过的，人生中所关怀的一切就是创意的原料。这些原料存储在我们脑中。虽然许多原料来自外在世界，但创意过程中所真正要发现的一切都源自内在。真正的创意源自内心。

4. 如何联系

此处的“联系”是指创意产生时一系列的思维活动，从脑中提取出与问题相关的原料，再把原料进行有机的组合，如发散思维、逻辑思维、逆向思维等。灵感涌现的一瞬间，可能是得到了新的问题，可能是得到了新的原料，也可能是采用了新的思维方式。

四、课堂活动：团队取名

对创意的产生过程有所了解之后，马上实践一下，请按以下步骤一起给刚刚建立的团队起一个有创意的名字。

准备工作：大张海报纸，彩色笔

第一步：讨论团队成员的共同点，至少找出 10 个（当然越多越好），写在海报纸的四周。（限时 5 分钟）

第二步：讨论团队的名字并设计团队标志，画在海报纸的正中间。最终海报效果如图 1-1 所示。（限时 5 分钟）

图 1-1　团队取名海报示意图

第三步：从无到有地想出团队名字与标志，无疑是一次发挥创意的过程。通常人们在发挥创意时并不太注意自己的思维过程，反思这个过程并进行剖析，能够较为快速地培养创意能力。请共同反思讨论以下问题，将讨论结果写下来。（限时 5 分钟）

脑海中出现的问题是什么？

运用了哪些原料？

这些原料是哪来的？

第四步：派出一位团队成员，在班级中介绍展示团队的名字与标志，并分享第三步反思的结果。

网上看看：扫描以下二维码，看看其他团队的创意与反思，还可以把自己的创意发布分享出去。本书中会有多处“网上看看”，多看多分享（训练表达创意的能力）是培养创意能力的简便方法。

团队取名

五、创意能力要如何培养

从创意产生的三个要素进行思考，可以将没有创意的原因归结为：缺少问题或缺少有深度的问题，大脑中的原料不够，进行联系的思维能力不够强。本书也是围绕这三方面原因进行创意能力的培养。

在问题方面，如何发现问题，如何剖析提炼问题，这将在本书的第三章与第四章进行介绍。

在原料方面，如何在生活中汲取原料，如何使自己成为一个有创意的人，这将在下一个单元进行阐述。

在思维能力方面，从打破惯性思维、学习思维方法入手，不断地练习与运用各种思维方式，并使之内化为自身的思维习惯，这将主要在本课程的第二章与第五章进行阐述。

此外，团队合作也是培养创意能力的有效方法，因此本书中涉及的活动都将以团队的形式进行。

总 结

请回顾本章节的内容，在下列图形中填上适当的内容。

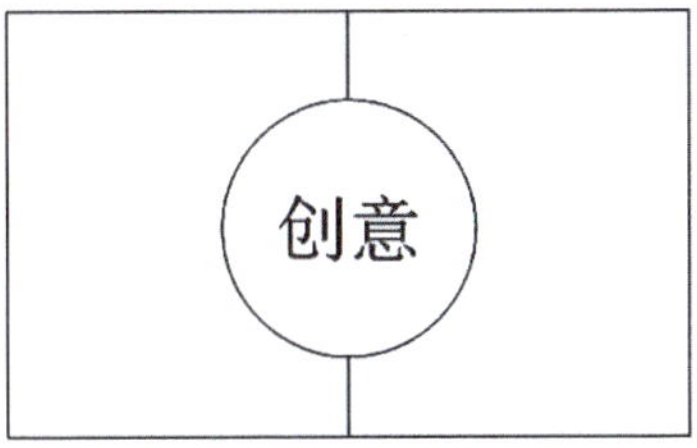

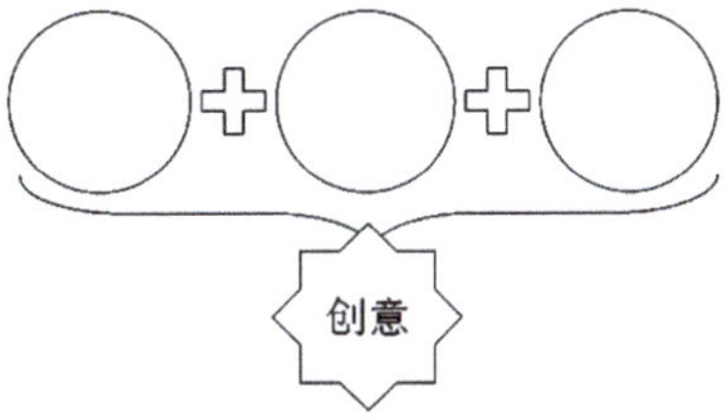

延伸思考

1. 如果有个好朋友觉得自己笨笨的从来都没什么创意，你会如何开解他呢？

2. 倘若你产生一个绝妙的想法，但事后发现别人早已将此想法付诸行动，你会怎么看待自己的创意能力？

3. 突然产生了一个自己都觉得不靠谱的想法，这算不算创意？

单元二 创意的内在修行

教学目标

通过课堂活动体会团队合作的重要性；了解从自身内在培养创意能力所需做出的改变及实现的方法。

一、课堂活动：团队合作能力训练

准备工作：大张海报纸，彩色笔，胶带

第一步：阅读下述步骤与规则，而后进行小组讨论。（限时 5 分钟）

第二步：按照团队人数将大张海报纸撕成几张，每人领取一张。

第三步：由老师指定一种动物，如大象、长颈鹿、乌龟等。每个团队成员只能在自己的纸张中作画，每张纸都必须有画面，不可以空白，所有人的纸张按海报纸原状拼接后应是完整的指定动物的图案。（限时 5 分钟）

注意：在此期间不得进行任何交谈。

第四步：所有人的纸张按海报纸原状拼接，用胶带粘贴在背面使之固定。

第五步：反思并讨论，如果再玩一遍，要怎么合作会更好？团队合作中的关键有哪些？并将讨论的结果写在海报纸的空白处。（限时 5 分钟）

第六步：派出一位团队成员，在班级中展示团队的作品，并分享上一步反思讨论的结果。

网上看看：扫描以下二维码，观看其他团队的训练结果，有的团队可是把这个游戏足足玩了 3 遍，同时别忘了也分享下你们的大作与心得。

团队合作能力训练

二、原料是怎么来的

创意的原料源自我们经历过、看过、想的、关怀的一切，这一切存在我们的记忆中。你若是有过目不忘的本事，那一定能收集到大量的原料。那么除了特地去学习，其他事物是如何进入我们的记忆成为我们的原料呢?

我们的大脑善于记住“特别”的事物。倘若上一周平平无奇，你能回想起上一周的每一天你都做了些什么吗？但你能回想起某次旅行中的每一天你都做了些什么吗?

1. 接触更多“特别”

看一本书、看一场电影、做一次旅行、与不同的人交流等，做这些事情让我们更容易接触到自己的生活以外的事物，这些“特别”的事物很容易被大脑记住，成为我们的原料。

2. 慎用“经验”

我们的大脑很善于运用“经验”，每当感知到什么的时候，总是优先调取经验来进行处理。对经验的运用使我们的大脑变得非常有效率，例如，在每天回家的路上，走到某个路口，习惯性地无须任何思考地选择了最经常走的方向，因为运用了经验，所以不用每一次走到路口都思考一下该往哪里走。然而也正是由于经验的强大，我们所感知到的绝大多数都借由经验在潜意识中快速地处理了，因此便不会感受到“特别”。

3. 发掘更多“特别”的技巧

将自身的心态调整并保持在积极的状态中，对于所感受到的事物，以想要去欣赏、想要去理解的心态去看待，自然就更容易发掘出事物的“特别”之处。用对世间的热爱与关怀之心，挖掘创意的源泉。

三、课堂活动：寻找“特别”

第一步：每个团队随机选出一个随身的物品，然后与其他团队交换。（限时 5 分钟）

第二步：每个团队成员对拿到的物品进行赞美，要说出具体的赞美的“特别”之处。（限时 5 分钟）

第三步：派出一位团队成员，对物品的赞美进行归纳总结，并在班级中进行分享。

四、培养探索的天性

对自己的做事方式进行一时的调整容易，但能保持住并最终转化为自身的性格特质却很难。开启创意之旅也是一个内在修行的过程。

人有一对相互矛盾的天性："喜欢待在舒适区"与"乐于探索未知"。从安全感的角度看，待在舒适区，可以躲避风险，节约能量消耗；探索未知，可以获得更多资源。这一对天性每个人都有，只是有强弱之别。创意的内在修行需要克制"喜欢待在舒适区"的天性，培养"乐于探索未知"的天性。

培养"探索"的天性，重在克服对未知的恐惧。对未来变化不明确，于是会对做决策产生恐惧，或不愿意做出会带来变化的决策。克服这种恐惧的关键是当遇到这种情境时自身能够意识到自己是产生了面对未知的恐惧。解决的方法是剖析产生恐惧的真正原因。

五、课堂活动：面对未知为什么会产生恐惧

第一步：回想自己最近一次产生"面对未知的恐惧"时是怎样的情境，思考自己产生恐惧的真正原因是什么，并写下来。

是什么情境让自己陷入"面对未知的恐惧"？

产生恐惧的真正原因是什么？

第二步：每个人在团队中分享自己的上述经历与思考。

第三步：派出一位团队成员，对产生恐惧的真正原因进行归纳总结，并在班级中进行分享。

网上看看：扫描以下二维码，看看其他人产生"面对未知的恐惧"时的真正原因是什么。

面对未知的恐惧

六、渴望改变的动机

当你希望开启自己的创意之旅，进行创意能力的培养并愿意进行一些练习时，你是发自内心地渴望自己有所改变。在进行创意创新活动及对自己的内在进行改变的开始阶段，如果对做出改变没有很强的渴望，很可能就会放弃并转向做其他事情，然后好奇地问为什么自己的行为没有丝毫的变化。

对改变产生强烈的渴望并不是件容易的事情。但没有一种发自内心的真正渴望，很难实现良好的自我成长，也很难将创意、探索与思维形成持久的习惯，深深扎根于自己的人生中。

七、假装的技巧

倘若你还是不知从何下手，不妨试试假装的技巧。假装你经过一些时日的修行已经有所不同，假装自己从内心深处充满对改变的渴望，假装自己勇于探索，假装自己对世间充满热爱与关怀，假装自己的创意可以行云流水般地涌出，假装自己在团队中是一个积极、友善、热爱合作的人。想象出这样一个崭新的自己，每当遇到问题时，就把这个新的自己拉出来。面对这些问题，这个新的你会如何反应？做出的选择会有什么不同？最终又会产生什么新的结果？

总　结

请给自己制订一个开启创意之旅的练习计划，增强自己在创意与创新道路上的持久性，并把它写下来。

为了开启创意之旅，您打算做些什么呢？

延伸思考

你是否曾经想起一件很早就遗忘的事？仔细想想，那件事存放在哪里？为什么会留着没“删除”？谁在做这个决定？

倘若你突然被要求到舞台上面对一大堆人进行一个即兴的表演，你是否会感到害怕？让你害怕的真正原因是什么？你有没有什么办法控制这种害怕？

本章参考文献

赖声川 . 2011. 赖声川的创意学 [M]. 桂林：广西师范大学出版社 .

[美] 约翰 • 斯维尼，[美] 艾琳娜 • 伊梅尔茨卡 . 2016. 创新者的心智模式 [M]. 北京：人民邮电出版社 .

第二章　思维突破

单元一　创新思维

教学目标

了解创新思维的相关概念；认识创新思维与左右脑的关系。

一、课堂活动：搭一个又高又稳的棉花糖塔吧

准备工作：棉花糖一个，胶带一条，意大利面条 20 根，剪刀一把

第一步：每一组成员利用提供的道具，搭一座又高又稳的棉花糖塔，棉花糖必须在塔的顶部，完成的小组举手示意，由主持人进行测量，测量的高度为棉花糖到塔底的距离。（15 分钟）

注意：不能破坏棉花糖。

第二步：反思并讨论以下问题。

（1）你们是如何完成这项任务的？

（2）在搭建棉花糖塔的过程中，除了提供的道具，还有想到用其他工具吗？

（3）你们最终完成的棉花糖塔，与心中最初的预想相同吗？

（4）在亲手搭建棉花糖塔的过程中，你们有触发其他的灵感吗？或是产生什么样的感悟吗？

二、什么是创新思维

人们平时常说的“想一想”“考虑一下”“思考再三”“沉思良久”“思索一番”“深思熟虑”“设想”“反省”“抽象概括”“判断推理”“眉头一皱，计上心来”等都是指人们的思维活动。

思维是指人脑利用已有的知识，对记忆的信息进行分析、计算、比较、判断、推理、决策的动态活动过程。它是获取知识及运用知识求解问题的根本途径，是人类区别于其他动物的最根本的特征。

那么，何谓创新思维？从广义上看，创新思维是创造者利用已掌握的知识和经验，从某些事物中寻找新关系、新答案，创造新成果的高级的、综合的、复杂的思维活动。它包含以下三层含义。

第一层含义是创新思维的基础是创造者已掌握的知识和经验。

第二层含义是创新思维的结果是创新，即需要从某些事物中寻找新关系、新答案或创造出新成果。

第三层含义是创新思维是一种高级的、综合的、复杂的思维活动。

从狭义上看，创新思维也可具体地指在思维角度、思维过程的某个或某些方面富有独创性，并由此而产生创新成果的思维。也就是说，在整个思维中的更具体的方面，如他人意想不到的某个思维角度或在整个思维过程中的某一小阶段，其思维具有独特性、新颖性，而且主要是因为其独创性、新颖性而产生了创新成果的思维。

三、课堂活动：你敢挑战吗

第一步：请在 20 秒之内说出以下文字的读音。

黄	蓝	橙
黑	红	绿
紫	黄	红
橙	绿	黑
蓝	红	紫
绿	蓝	橙

第二步：请在 20 秒之内说出以下文字的颜色。

黄	蓝	橙
黑	红	绿
紫	黄	红
橙	绿	黑
蓝	红	紫
绿	蓝	橙

第三步：思考完成哪个任务更难一些？为什么？

四、创新思维与左右脑

人的大脑分为左、右两半球，左半球又称“左脑”，右半球又称“右脑”。正常人左右大脑半球各有其意识流，在同一个大脑中两种独立意识平行存在，它们有各自的感觉、知觉、认知、学习以及记忆等。也就是说，左脑具有右脑的功能，右脑同样具有左脑的功能，只是各有分工和侧重点而已。

左脑是人的意识脑，主要控制着知识、理解、判断、思考、推理、语言、五感（视、听、嗅、触、味觉）等，通常被称为“语言脑”，用语言来处理信息，即把进入脑内看到、听到、触到、嗅到及品尝到的信息转换成语言来传达。它的工作性质是理性的、逻辑性的。

右脑是人的本能脑和潜意识脑，控制着图像化机能（企划力、创造力、想象力）、超高速自动演算机能（心算、数学）、超高速大量记忆（速读、记忆力）等，被称为“图像脑”。它的工作性质是感性的、直观的。

如果进行形象一点的描绘，左脑就像个雄辩家，善于语言和逻辑分析；又像一个科学家，长于抽象思维和复杂计算，但刻板，缺少幽默和丰富的情感。右脑就像个艺术家，长于非语言的形象思维和直觉，对音乐、美术、舞蹈等艺术活动有超常的感悟力，空间想象力极强。不擅言辞，但充满激情与创造力，感情丰富、幽默、有人情味。左脑对潜意识有干预、过滤、监控的作用，如果让左脑的思维活动减少，就放松了对潜意识的控制，让潜意识在感情、直觉、形象等方面有更多机会充分表现。

一般人的脑力运用不到5%，剩下待开发的部分是脑力与潜能表现优劣与否的关键。右脑将收到的信息以图像形式处理，瞬间即可处理完毕，因此能够把大量的资讯一并处理（心算、速读等即为右脑处理资讯的表现形式）。懂得活用右脑的人，听音就可以辨色，或者浮现图像、闻到味道等。心理学家称这种情形为共感，这就是右脑的潜能。如果让右脑大量记忆，右脑会对这些信息自动加工处理，并衍生出创造性的信息。右脑具有自主性，能够发挥独自的想象力、思考，把创造意图像化。如果是左脑的话，无论如何绞尽脑汁，都有它的极限，但是右脑的记忆力只要和思考力一结合，就能够和不靠语言的前语言性纯粹思考、图像思考连接，而独创性的构想就会神奇般地被引发出来。

现代社会强烈要求的创新能力或者说创造力是什么呢？它实际上就是把头脑中那些被认为毫无关联的情报信息联结起来的能力。这些被认为无关联的信息之间距离越大，把它们联系起来的设想就越新越奇。所以，创造力就是对已有的信息进行再加工的过程。因此，如果左脑能够很好地配合右脑直观的、综合的、形象的思维机能发挥作用，那么崭新的设想就会源源不断地产生。可见，几乎每一个创意和逻辑的创举，都需要全脑作为一个整体来运转才能完成。

总　结

请回顾本单元的内容，在下列空白处填上适当的内容。

（1）创新思维是创造者利用________________，从某些事物中寻找____________，创造____________的高级的、综合的、复杂的思维活动。

（2）左脑通常被称为“____________”，右脑通常被称为“____________”。

（3）几乎每一个创意和逻辑的创举，都需要____________作为一个整体来运转才能完成。

延伸思考

所谓创新能力就是把头脑中那些被认为毫无关联的情报信息联结起来的能力。无关联的信息之间距离越大，把它们联系起来的设想就越新越奇。如何把无关联的信息联系起来？

单元二 你有创新思维障碍吗

教学目标

通过大量练习和案例，感受创新思维障碍的普遍性；了解主要的创新思维障碍，激发学生突破思维的意识。

一、课堂活动：开动大脑

第一步：尝试解答下面的问题。（20 分钟）

（1）等距离的 9 个点呈 3×3 的方阵分布，试用一笔画出的 4 条直线把它们连接起来。

（2）用 6 根等长的火柴，试着组成 4 个彼此连接的三角形。

（3）试将 9 块蛋糕，装入 4 个盒子，要求每个盒子里的蛋糕不少于 3 块。

（4）某一湖面上的水百合（water lily）覆盖面积每 24 小时增加一倍，在夏季的第一天，湖面上只有一株水百合，60 天后湖面完全被覆盖了，请问在哪一天水百合覆盖了一半的湖面？

（5）如何马上让教室下一场雨？

（6）一位公安局局长与一老人下棋，难分难解之时，一小孩跑过来，急促地对公安局局长说："不好了，你爸爸和我爸爸吵起来了！"老人问公安局局长："这孩子是你什么人？"公安局局长答道："是我儿子。"请问：这两个吵架的人与公安局局长是什么关系？

（7）某夜，有个名叫吕班的怪盗，潜入一个公爵的住宅，在三楼卧室里偷到一份重要的外交信件。他正要离开房间，突然听到门外有脚步声——公爵参加晚会回来了。吕班进退维谷。窗下有一条运河。如跳进运河就可以脱身，但吕班顾虑外交信件被弄湿而前功尽弃。踌躇中，他看到自己的帮手在对面大楼窗口等待接应，于是灵机一动，决定先把信件递给帮手，再只身逃走。他钻到窗外，站在窗台上，探身，伸手，可是很遗憾，还差一点点儿，够不着。手边又没有杆子或棍子之类的工具，对面大楼的窗台很窄，跳过去也没有落脚之处，把信件扔过去，又担心被风刮跑。一时，怪盗吕班竟束手无策。可是仅仅数秒钟之后，吕班就有了办法，什么工具也没有用，就把信件递给了帮手，然后只身跳入运河之中，匆匆离去。

请问：吕班是用什么方法把信件递给帮手的？

（8）清晨，旭日东升，一个和尚开始爬山，走的是一条盘山羊肠小道。他以变化的速度爬山，并且不时地停下来休息或吃饭。日落西山，他上了山顶。山顶上有一座庙宇，他留在那里坐禅多日。然后，在太阳升起时，他沿着同一小道开始下山，再次以变化的速度行走，下山的平均速度会比上山的平均速度稍快一些。

请问：这条小道是否存在一个点，恰好是和尚上下山时同一时刻路过的？

（9）有一个聋哑人，想买几枚钉子，就来到五金商店，对售货员做了这样一个手势：左手食指立在柜台上，右手握拳做出敲击的样子。售货员见状，先给他拿来一把锤子，聋哑人摇摇头。于是售货员明白了，他想买的是钉子。

聋哑人买好了钉子，刚走出商店，接着进来一个盲人。这个盲人想要一把剪刀。

请问：盲人将会怎么做？

（10）灯和开关分别在不同的房间，一间房有甲、乙、丙三盏灯，另一间房里则安装了控制灯的A、B、C三个开关。已知每个开关只控制一盏灯，现在三盏灯都是灭的。假如只能进这两个房间各一次，并且这两个房间不是连在一起的，你能正确判断A、B、C这三个开关分别控制哪盏灯吗？

第二步：扫码看参考答案。

第三步：当知道答案后，你认为思考这些题目难吗？为什么有些答案我们想不到？

为什么我们不能常常“想出不同的事情”来呢？有以下两个主要的原因。

其一，我们所做的事大都不需要创造力，举例来说，当我们乘电梯、在高速公路上驾车、在杂货店里排队付账时，都不需要创造力。为了处理日常事务，我们早已建立了一套指导我们应付各种日常状况的规则——从处理公文到系鞋带到应付电话推销员。就我们大多数活动而言，这些规则不可或缺。缺少了这些规则，我们的生活就会陷入一片混乱。如果清早起来，就要思索牙刷刷毛的意义，我们可能不会用它来刷牙。因此，遵循既定规则使我们能够不假思索就可以做很多事情。

然而，有时候我们必须富有创造力，要想出新方法完成我们的目标。但当我们需要创造力时，却往往为我们的思维方式所困。这就是我们无法经常“想出不同事情”的第二个原因。我们大都会存在某些态度将我们的思考闭锁在现况中，使我们的思想故步自封、一成不变。在我们处理大多数事务时，我们应持这些态度。但在我们想要更有创造力时，这些态度就形成创新思维障碍。常见的创新思维障碍有惯性思维、迷信权威、惰性思维、点状思维、线性思维。

二、惯性思维

案例：有笼必有鸟——心理图式

一位心理学家曾和乔打赌说：“如果给你一个鸟笼，并挂在你房中，那么你就一定会买一只鸟。”

乔同意打赌。因此心理学家就买了一只非常漂亮的瑞士鸟笼给他，乔把鸟笼挂在起居室桌子边。结果，人们走进来时就会问：“乔，你的鸟什么时候死了？”

乔立刻回答：“我从未养过一只鸟。”

“那么，你要一只鸟笼干吗？”

乔无法解释。

后来，只要有人来乔的房子，就会问同样的问题。乔的心情因此搞得很烦躁，为了不再让人询问，乔干脆买了一只鸟装进空鸟笼里。

毕竟，去买一只鸟比解释为什么有一只空鸟笼要简便得多。

惯性思维是指人们按照积累的思维活动经验教训和已有的思维规律，在反复使用中所形成的比较稳定的、定型化的思维路线、方式、程序、模式。我们的阅历会影响到我们对事对物的态度和思维方式，特别是过去的经验。因为“以前的事实已经证明是正确的”，所以我们很容易相信并依靠过去的经验，这样便形成了惯性思维。我们每天的活动，从清晨起床到晚上睡觉，90% 以上纯粹是下意识的、习惯性的。因此，习惯有助于我们在日常生活和工作中驾轻就熟、提高效率。但过于依赖习惯，会阻碍困难问题和需要创新的问题的解决。

三、课堂活动：如何量出特定量的水

有三个大小不同的杯子，请根据每种情况利用这三个杯子量出一定量的水。写出具体的量水办法。

（1）A 杯的容量是 21 毫升，B 杯的容量是 127 毫升，C 杯的容量是 3 毫升，如何量出 100 毫升的水？

（2）A 杯的容量是 14 毫升，B 杯的容量是 163 毫升，C 杯的容量是 25 毫升，如何量出 99 毫升的水？

（3）A 杯的容量是 18 毫升，B 杯的容量是 43 毫升，C 杯的容量是 10 毫升，如何量出 5 毫升的水？

（4）A 杯的容量是 9 毫升，B 杯的容量是 42 毫升，C 杯的容量是 6 毫升，如何量出 21 毫升的水？

（5）A 杯的容量是 20 毫升，B 杯的容量是 59 毫升，C 杯的容量是 4 毫升，如何量出 31 毫升的水？

（6）A 杯的容量是 23 毫升，B 杯的容量是 49 毫升，C 杯的容量是 3 毫升，如何量出 20 毫升的水？

（7）A 杯的容量是 15 毫升，B 杯的容量是 39 毫升，C 杯的容量是 3 毫升，如何量出 18 毫升的水？

反思：通过任务（1）～（5），被试容易形成利用 B − A − 2C 这个公式的定式，结果对于任务（6）（7），也用同样的方式来解决。其实，对任务（6）（7），可以用更简单的办法（A − C 和 A + C）来解决。由此可见，惯性思维使问题解决的思维活动刻板化，无疑会成为创意创新的阻碍。

对于惯性思维，请记住：

当习惯不管用时，让思维冲破习惯。

天才——仅仅是以非习惯的方式去理解事物的能力而已。

让创新成为习惯！

四、权威思维

案例：2+2 等于几？

著名哲学家罗素有一次来中国讲学，他在讲台上首先提出一个问题：2+2=？台下都以为罗素会说出奇特的答案来，听课的几百人面面相觑，无人作答，怕自己答错，被别人看不起。罗素笑着说，2 加 2 等于 4 嘛，那么你们为什么不敢回答呢？无非是以为我的答案与常识不一样，你们千万不要迷信权威。

在长期的学习、工作和生活中，我们逐渐形成了对权威的尊敬甚至崇拜。权威或是领导，或是长辈，或是专家，社会舆论也经常把有学问、有经验的人广为宣传，使他们的名望更高，因而权威思维在每个人的心中都存在着。有的人在遇到权威的时候，能够展开思维，看穿权威背后的信息；而有的人在遇到权威的时候，被“权威思维”这堵墙死死地包围，坚定地认为只要是权威的就是最好的，是可以相信的。尊重权威当然没有什么错，但权威的意见只在一定时间、一定范围是正确的，只有实践才是检验真理的唯一标准。一切都按照权威的意见办事，不敢怀疑权威的理论或观点，不敢逾越权威半步，就成为创新思维的极大障碍。

在国际象棋比赛中，有一种活动简称“卫冕”战，如果你能够在比赛中赢得胜利，你就会被称为“皇帝”或者“皇后”。虽然你有了这个荣誉，但是你还要不断接受别人的挑战，且面对任何挑战都不能拒绝，如果拒绝，就可以判定你失败。这样，对于后起之秀而言，如果要成为权威，就要挑战权威。那些不敢挑战权威的人，将会永远被权威困住。在我们的现实生活中，也是如此。

案例：莱特兄弟发明飞机的故事

19 世纪，世界上还没有飞机，但人们渴望能够有一种工具带自己飞上蓝天。于是，一些科技人员开始研究人类是否有飞上天的可能。

在这项研究刚刚开始的时候，反对的声音非常大，很多人认为这是不可能的事情，而且这些反对的人大多是当时世界上的名流，在业界具有一定的权威性。

如德国物理学家赫尔姆霍茨是第一个用数学方法详细地提出能量守恒定律的人，他认为：根据能量守恒定律，要让沉重的机器在天空中飞翔，只能是一种幻想。

后来美国的天文学家纽康通过分析各种科学数据并仔细计算，也做出了一个权威的结论：那就是不可能。

很多具有权威的科学家都认为这件事情是根本无法实现的，由此，研发人员遇到了很大的困难，甚至他们也认为这可能只是自己的空想，确实是无法实现的，有些人放弃了这样的想法，并终止了研发工作。

直至 1903 年，美国的莱特兄弟将飞机研发出来，并顺利送到了天上。而莱特兄弟是自行车工人，他们不是通过学校，而是通过自学学到了很多知识，面对各个领域权威的质疑，他们敢于尝试，不被权威的思维所限制，通过反复的实验与修改，最终让世界上第一架飞机飞上了蓝天。

莱特兄弟成功了，他们的成功原因之一是：他们没有被权威思维所左右。

在这个例子中，那些著名的、具有权威的科学家当然是名副其实的权威，而我们当下的生活中，类似的权威似乎越来越多，各类“专家”层出不穷，有些“专家”的头衔能够写满一张 A4 纸。在人类发展的历史长河中，权威在任何时代、任何社会都会存在。但有时候权威在人们的心中会被神化，成为一种无条件的服从，陷入“权威思维”模式。

从某一方面讲，权威能够为我们节省很多时间与精力去思考，但是我们一定要有主见，有自己的思维，不要被“权威”禁锢自己的思维，要从多个角度去分析所面临的权威是不是真实可信。有时候，权威人物被自己的知识和经验限制住了，自己给自己设置了思维上的障碍。而不为权威的已有的意见所限制，没有任何框框，从头研究，反而能够取得成功。

五、惰性思维

下面有五个图形，哪个是与众不同的？

如果你选择B，恭喜你，你答对了，因为图形B是唯一全部由直线构成的图形。如果你选择C，你也答对了！因为图形C是唯一不对称的。图形A也是正确答案，因为图形A的每一点都是连续的。至于图形D呢？它是唯一由直线和圆弧组成的，所以D也是正确答案。那么图形E呢？它是唯一的非几何图形，因此也是正确答案。所以，换一句话说，由于视角不同，它们都是正确答案。

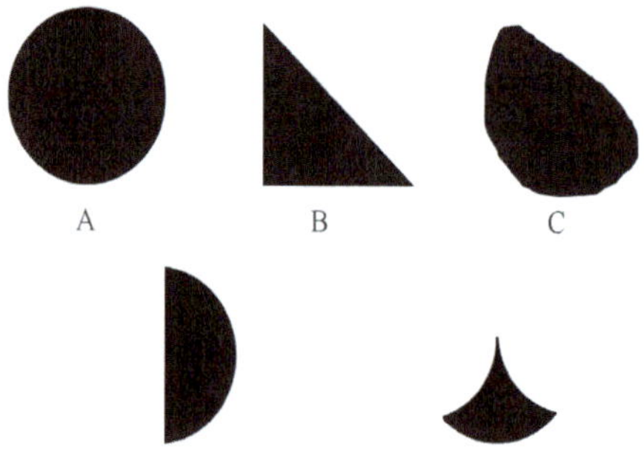

A　B　C　D　E

然而，我们经常一旦找到自认为正确的答案，便很难再考虑其他选择。究其原因，惰性思维扮演了不可忽略的角色。所谓的惰性思维，指的是由于主观依赖性严重或人生态度消极悲观，人们缺少积极主动的主观思维能力，不积极主动思考。

惰性思维比较普遍地存在于我们的现实生活中，如我们经常想当然地以为我们所处的周遭环境就应该是某个样子的，没有改变的空间。然而，任何一个创举通常都是由多个问题组成的，体现为一个个问题的发现与最终被解决的结果。不说好的创意，单就问题的发现就需要积极主动的思考。一个思维的懒惰者，可以被动地应付着去解决问题，却绝不可能主动地发现新问题。

对于我们遇到的问题，不妨让自己的大脑参与到以下思维活动中：

（1）可以有多少种不同的方法看待这个问题？

（2）如何重新思考问题？

（3）可以有多少种不同的方法解决这个问题？

六、点状思维

案例：什么是机械装置?

在电影《三傻大闹宝莱坞》中有一个场景，在工程学课上，老师问了学生们一个问题：什么是机械装置?

主演阿米尔汗回答道：“能省力的东西就是机械装置。比如今天很热，按下开关，得到阵阵凉风，那风扇就是一个机械装置；跟千里之外的朋友说话，那电话也是一个机械装置；快速运算，计算器也是机械装置。从钢笔头到裤子拉链，都是机械装置。”

老师对这样的回答嗤之以鼻，反问道：“考试你也这样？”

然后，老师又邀请另一位“好学生”继续回答：“老师，机械装置是实物构件的组合，各部分有确定的相对运动，借此，能量和动量相互转换，就像螺丝钉和螺帽，或者杠杆，围绕支点转动，还有滑轮的枢纽之类的，尤其是构造，多少有点复杂，包括活动部件的组成，或者简单的机械零件，比如滚轮、杠杆、凸轮等等……”

显然，这位“好学生”将机械装置的定义，熟练地背诵了下来，获得了老师的赞赏。

案例思考与讨论：

（1）你认同谁的答案?

（2）老师为什么会这样?

这是因为这位“老师”和“好学生”的思维状态，还处在“零维”的状态。

所谓“零维”的思考方式就是点状思维，即人们在学习和思考的过程中，知识点并没有发生“连接”，而是像一个一个“孤岛”一样，单独地存在于大脑之中。然而，所有的学习和思考，都是连接产生的。

那为什么会有“零维”的状态呢?

因为，在特殊的教育体制下，我们使用了独特的学习方式：死记硬背。某个知识点，我不需要知道它从何而来，也不需要知道能用在何处，更不需要知道它与其他知识有何关联，只是因为考试，所以它需要被我记住！这虽然能够帮助我们在考试中获得好成绩，可一旦毕业，或者考试结束，这个知识点就像宇宙中的一粒星辰，再也找不到，也没有任何用处了。

实际上，在现实生活中，没有人会问你这个定义是什么意思，那个定义是否正确……

现实生活中，只有一个一个具体的问题，需要你运用学过的知识，连接到现实中来，解决眼前的困境！

七、课堂活动：你看到了什么

看下图，你看到了什么，请写下来。

活动说明：

看到上图你联想到芝麻？苍蝇？图钉？太阳的黑子？污迹？……这些都是常规的联想。

缺点？遗憾？损失？……思维活跃一些。

但是，为什么就没有想到其他的？

为什么你的眼睛仅仅盯住那个黑点？而没有看到黑点旁边的那一大片的白纸？

正是这个黑点束缚和禁锢了我们的思维，使我们看不到其余更多的、更好的、更丰富的东西。有的人一件事情没有做好，就垂头丧气——“我真没用，我真窝囊，我是天底下最愚蠢的人。”通过别人不经意的一句话或一件事就给某个人下定义——“他品质有问题。”其实，我们要关注广阔的存在，而不是那个黑点。

八、线性思维

先来做一道应用题：假如你负责管理公司的车队，车队有两种车型，分别是一升汽油能跑 10 公里（简写为 10 km/l）的 SUV 和 20 km/l 的小轿车。两种车数量相同，且都是每年跑 1 万公里。你有足够的资金，可以把其中一种换成更省油的车型，降低运营成本，并实现可持续性目标。从以下两种方案中选择一种。

A. 将 10 km/l 的车换成 20 km/l

B. 将 20 km/l 的车换成 50 km/l

乍一看，方案 B 似乎更好，30 km/l 的增量比 10 km/l 高，比例增长也更高。但事实并非如此：

按每年跑 1 万公里的路程算，A、B 两种方案耗油量对比如表 2-1 所示。

表 2-1 A、B 两种方案耗油量对比

方案	目前耗油量	升级后耗油量	节省油量
A	1000（10 km/l）	500（20 km/l）	500
B	500（20 km/l）	200（50 km/l）	300

这个结果是否令人惊讶？许多人都会这么觉得，因为我们的思维将 km/l 与耗油量之间的关系简化为线性，然而两者并非线性相关（图 2-1）。

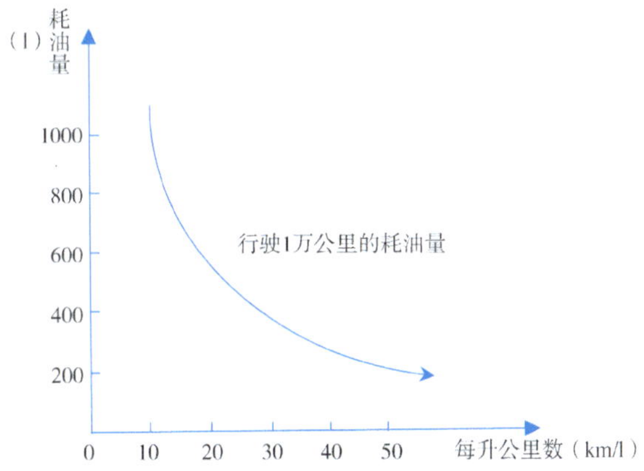

图 2-1 km/l 与耗油量关系示意图

即使这样，选择方案 A 却依然与直觉相悖，感觉上就是不对。不过这不是你的错。数十年的认知心理学研究表明，人脑很难理解非线性关系。我们的大脑倾向于简单的直线。很多时候这种思维方式没有什么问题：1 个书架可以放 50 本书，两个书架放 100 本，3 个就可以放 150 本；1 杯咖啡两美元，5 杯咖啡 10 美元，10 杯咖啡 20 美元，15 杯咖啡 30 美元。

线性思维，是一种直线的、均匀的、不变的、单向的、单维的思维方式。这种思维模式有两个基本特点：①把多元问题变为一元问题。客观对象所包含的问题往往是多元的，线性思维模式会突出其中一个问题，把其余问题撇开，或者把复杂问题归结为一个简单问题，然后予以处理。②用一维直线思维来处理一元问题，使之成为具有非此即彼答案的问题，并排除两个可能答案中的一个。

该思维模式假定因果关系是简单明了的，即既然这有这么一个结果，就一定有一个原因，只要解决了原因就能解决问题。例如，手机没电了，那去充电就行了。线性思维就是这么直来直去，适合解决简单问题。而创新往往涉及多种因素，线性思维无疑会成为创意创新的思维障碍。

现实生活中类似的“线性思维”的例子不胜枚举，但可并不都是幽默，有的甚至是血的教训。

有这样一则故事：

一个漆黑的夜晚，司机老王开着一辆“除了喇叭不响什么都响的”北京吉普外出，车行半路抛了锚，他初步判断是油耗尽了，便下车检查油箱。没带手电筒就顺手掏出打火机照明，随着“轰”的一声巨响，他就什么也不知道了……

醒来时他正躺在医院的病床上，是一位路过的好心司机把他救了，车报废了，脸毁了容，万幸的是命总算捡了回来。老王说：“当时只是想借打火机的光，看清油箱里究竟还剩多少油；根本不曾想打火机的火，会引爆油箱并引火烧身。”这是典型的由“线性思维”惹的祸。

测一测你的非线性思考能力

1. 以下哪种情况吃掉的比萨较多？

A. 吃一个 12 寸（1 寸 ≈ 3.33 cm）的比萨　　B. 吃两个 8 寸的比萨

2. 公司常常要关注终身价值最高的客户。如果分析员根据终身价值为你的客户分类，1 表示价值最高，10 表示价值最低，以下哪两组的价值较为相近？

A. 1 组和 2 组　　B. 3 组和 8 组

3. 你的公司有两个工厂，都是 7 天 24 小时无间断运转，以下哪种做法能让年产量得到较大的提升？

A. 第一家工厂的每小时产量从 100 提高到 120

B. 第二家工厂的每小时产量从 130 提高到 140

4. 你在研究男性和女性购买某新产品的意愿，目前调查对象已有 20 名男性和 50 名女性，以下哪种做法能更好地提升预测准确度？

A. 再找 5 位女性和 30 位男性　　B. 再找 100 位女性和 5 位男性

5. 以下哪种情况的差旅时间增加较多？

A. 每年飞行距离从 2 万公里增加到 4 万公里

B. 每年飞行距离从 5 万公里增加到 6 万公里

6. 要增加公司网站流量，以下哪种方法更好？

A. 将网站在某关键词搜索结果中的排序从第十提升到第四

B. 将网站在某关键词搜索结果中的排序从第四提升到第二

网上看看：扫描下列二维码，查看参考答案。

九、课堂活动：说出你的故事

第一步：回想自己陷入创新思维障碍的经历，弄清自己陷入何种障碍，并写下来。

是什么事情，让自己陷入创新思维障碍？陷入的是何种障碍？

第二步：每个人在团队中分享自己的上述经历与思考。

第三步：派出一位团队成员，对陷入创新思维障碍的原因进行归纳总结，并在班级中进行分享。

总　结

请回顾本单元的内容，在图 2-2 中填上适当的内容。

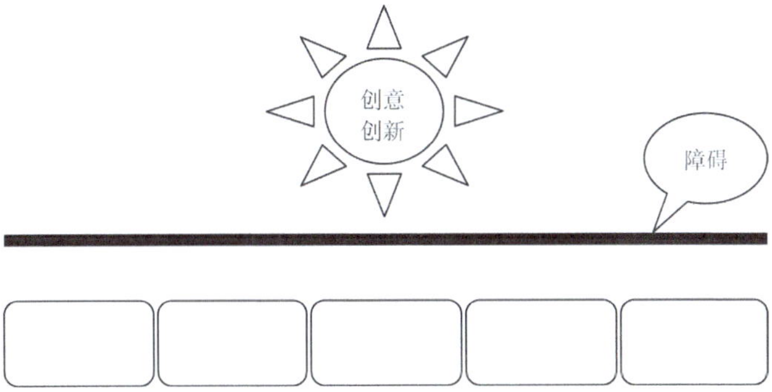

图 2-2　创意创新的思维障碍

延伸思考

1. 创新思维障碍可以避免吗？为什么？

2. 有的人觉得“现世安稳，岁月静好，我们的工作按部就班来就行了，所以存在创新思维障碍也没有关系”，你怎么看？

单元三 突破思维

教学目标

了解并体验头脑风暴法，完成相关练习；掌握思维导图的基本用法。

法国哲学家查提尔说过：当你只有一个点子，这点子再危险不过了。对创新来说，要尽可能有多种方案，从中找出一个最好的。有多种答案是前提，然后才能找出最好的。突破思维的核心在于扩展思维视角，寻求多种答案。本单元拟介绍头脑风暴法与思维导图这两种方法来突破思维。

一、头脑风暴法

（一）什么是头脑风暴法

头脑风暴法（brain storming，BS 法），又称脑力激荡法、智力激励法、自由思考法，是由美国创造学家 A. F. 奥斯本于 1939 年首次提出、1953 年正式发表的一种激发性思维的方法，该方法通过让所有参与者针对某一主题自由提出想法或点子，并以此相互启发、相互激励、引起联想、产生共振和连锁反应，从而诱发更多的创意及灵感，达到快速大量寻求解决问题构想的目的。头脑风暴法又可分为直接头脑风暴法（通常简称为头脑风暴法）和质疑头脑风暴法（反头脑风暴法）。前者是在专家群体决策尽可能激发创造性，产生尽可能多的设想的方法，后者则是对前者提出的设想、方案逐一质疑，分析其现实可行性的方法。

（二）头脑风暴法的运用原则

（1）自由奔放去思考。要求与会者尽可能解放思想，无拘无束地思考问题并畅所欲言，不必顾虑自己的想法或说法是否“离经叛道”或“荒唐可笑”；欢迎自由奔放、异想天开的意见，必须毫无拘束，广泛地想，观念越奇越好。

（2）会后评判。在会上，对别人提出的任何想法都不能批判、不得阻拦。即使自己认为是幼稚的、错误的，甚至是荒诞离奇的设想，亦不得予以驳斥；同时也不允许自我批判，在心理上调动每一个与会者的积极性，彻底防止出现一些“扼杀性语句”和“自我扼杀语句”。诸如“这根本行不通”“你这想法太陈旧了”“这是不可能的”“这不符合某某定律”以及“我提一个不成熟的看法”“我有一个不一定行得通的想法”

等语句，禁止在会议上出现。只有这样，与会者才可能在充分放松的心境下，在别人设想的激励下，集中全部精力开拓自己的思路。

（3）以量求质。鼓励与会者尽可能多地提出设想，以大量的设想来保证质量较高的设想的存在，设想多多益善，不必顾虑构思内容的好坏。

（4）“搭便车”，见解无专利。鼓励盗用别人的构思，借题发挥，根据别人的构思联想另一个构思，即利用一个灵感引发另外一个灵感，或者把别人的构思加以修改。

（5）与会人员一律平等，各种设想全部记录下来。与会人员，不论是该方面的专家、员工，还是其他领域的学者，以及该领域的外行，一律平等。各种设想，不论大小，甚至是最荒诞的设想，记录人员也要求认真地将其完整地记录下来。

二、课堂活动：找理由

准备工作：笔，纸

第一步：由老师给每个团队一个任务，如除草、走亲戚、装修厨房等。把领到的任务，写下来。

第二步：利用头脑风暴法进行讨论。讨论不可能完成该任务的原因有哪些。每个人都要提出自己认为最有创意的理由。并将结果写下来。（10分钟）

第三步：每个团队选出三个最有创意的想法，派出一个团队成员在班级中进行分享。

三、思维导图

（一）思维导图的概念

思维导图是表达发散性思维的有效图形思维工具，能够将思维形象化。它由一个思考中心向外发散出成千上万的关节点，每一个关节点代表与中心主题的一个连接，而每一个连接又可以成为另一个中心主题，再向外发散出成千上万的关节点，由此呈现出放射性立体结构（图 2-3）。该工具运用图文并重的技巧，把各级主题的关系用相互隶属与相关的层级图表现出来，把主题关键词与图像、颜色等建立记忆连接，充分运用了左右脑的机能，利用记忆、阅读、思维的规律，协助人们在科学与艺术、逻辑与想象之间平衡发展，从而开启人类大脑的无限潜能。通过思维导图，我们不但可以增强思维能力，提升注意力与记忆力，更重要的是，能够启发我们的联想力与创造力。

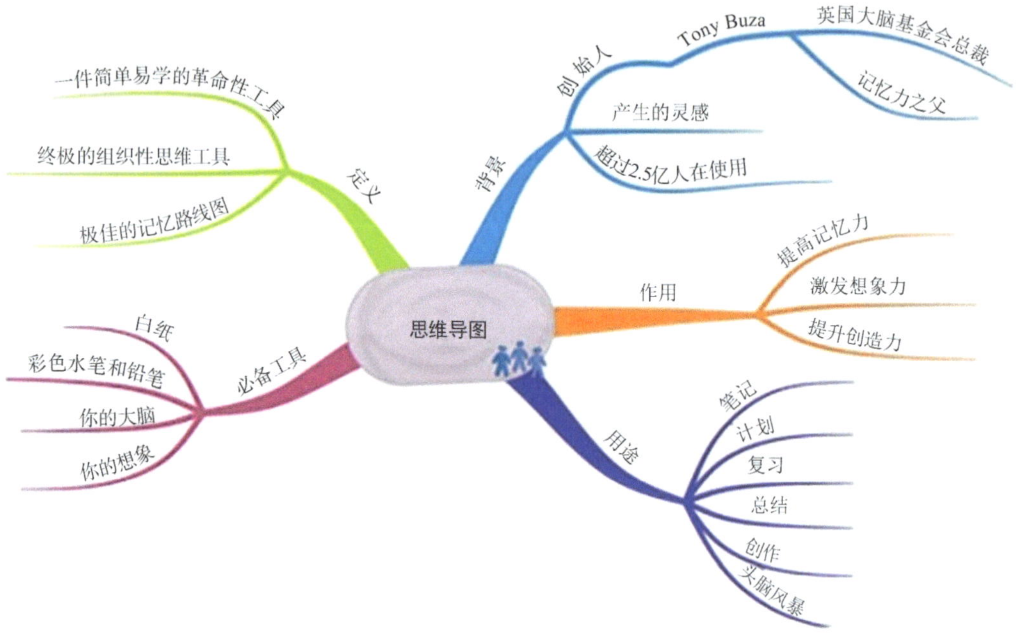

图 2-3　思维导图示意图

（二）思维导图的绘制步骤

一般采用两种方式来画思维导图：一种是通过手绘的方式，另一种则是采用电脑或手机上的思维导图软件进行绘制。本书仅对手绘思维导图的步骤做简单介绍。

（1）纸张——寻找笔感好的纸张。选纸有三个要点：第一，要选纯白色没有格线的纸张；第二，通常选择 A4 纸或更大的纸张；第三，纸的摆放方向是横着摆放。

（2）中心图像——不需要漂亮的“画”。一般中心图像只需要颜色和形状就可以了。如果有很好的绘画基础，可以画得漂亮些；如果没有很好的绘画基础，那画形状或只写粗体汉字就可以了。

（3）颜色——要五颜六色。色彩是大自然的体现，色彩能够很好地刺激大脑。

（4）分支——平滑曲线最理想。分支的线条一般是根部粗尖部细，从中心图像伸出的“主支”最粗，收尾稍细一些，末端化成优美的细尖。二级、三级等分支采用逐级变细的方式，同一级别的分支画法与“主支”类似。

（5）语言（词语）——为每一根线条取一个标题。主支和分支上标上能够总结内容的关键词，主支上的标题写得粗一些，下级分支的标题写得细一些。

（6）层次化。层次化的规则主要是分类和排序，这是在使用思维导图过程中始终要遵守的规则。

分类：例如主支是生物，那么分支一般是“动物”和“植物”，然后动物再继续分类。在实际画图过程中，有些类别不是很容易区分，那可以不管能不能用上，先把想到的所有分类或点子都记录下来再进行整理。

排序：按照某一规律对分支进行重新排序，如动物有大象、牛、老虎、兔子等，那可以按照动物大小依次排序。

（7）TEFCAS——总之先试试看。“TEFCAS”是尝试（trial）、行动（event）、反馈（feedback）、检查（check）、调整（adjust）和成功（success）的英文字母缩写。学习任何技能或知识，都要善于尝试并使用，那样才能将知识学以致用。

四、课堂活动：特别的一天

准备工作：大张海报纸，彩色笔

第一步：用思维导图，规划特定的某一天要做的事情。例如，国庆节、劳动节、考试前一天等。（10 分钟）

第二步：派出一位团队成员在班级中分享你们对这一天的规划。

总　结

请选择最想打破的一种思维障碍，运用头脑风暴法寻找打破方法，制订打破计划，并通过思维导图绘制出来。

延伸思考

1. 头脑风暴法可以用于个人吗？如何使用？
2. 绘制思维导图的关键在哪里？

本章参考文献

李伟，张世辉 . 2015. 创新创业教程 [M]. 北京：清华大学出版社 .

第三章　发现问题

单元一　理解问题

教学目标

充分理解发现问题在创新活动中的重要性，并初步探索出发现问题的基本逻辑，最重要的是让学生打破自己的思维障碍，不忽略问题。

一、创意与创新活动的重要步骤

课前思考：

观察图 3-1，请回答以下问题。

图 3-1　有创意的水杯

（1）如果你得到了这个水杯，请问你会使用它吗？

（2）如果使用的话，会在什么时间和地点使用？

（3）你觉得这个杯子能解决你实际生活中的问题吗？

解释：杯子的出现满足了人们饮水的需求，而杯子手柄的出现也让人们更方便地使用杯子，不用顾忌杯子中是否盛有滚烫的水。实际上，案例所显示的杯子是雅典的建筑师 Katerina Kamprani 收集的故意不方便的日常用品，由于它设计之初的目的就在于体现“不方便”，不能解决实际生活中的任何问题，因此也没有任何用户会购买它用到日常生活中，所以这款杯子的最终宿命就是“摆设品”。

二、课堂活动：制作一个新的水杯

准备工作：白板或全开白纸（仅用一半），白板笔或水彩笔

时间：5 分钟，展示时间每组 1 分钟。

活动规则：

（1）要求学生在规定时间内设计新款的水杯，数量越多越好。

（2）通过图画的形式进行表达，并说明水杯的功能以及解决了什么问题。

思考：

（1）请问设计水杯的过程顺利吗？你设计水杯的思路是什么样的呢？

（2）你设计的水杯能够解决现实生活中遇到的问题吗？

（3）你设计的水杯主要给什么样的人群使用？

（4）你有想过给特定对象（如盲人）设计的水杯会有什么不同？

网上看看：扫描二维码，看看更多同学设计的杯子吧。

同学设计的杯子

人类的创新活动是一个复杂的过程，但是对各类影响人类生活的重要产品进行研究可以发现，创新活动呈现出阶段性的特点，其中的首要步骤便是“发现问题”，这些问题背后隐藏着人们真实的需求。缺乏这个步骤所创造出来的事物，很有可能对于人们而言是缺乏价值的。同样，忽略了发现问题这一重要步骤，会导致创新活动的进展困难，甚至难以延续。

三、问题的源头：情绪

人的思维是受问题驱使的，需求其实一直存在于生活中，但只有人开始考虑如何满足需求时，才会对现实生活的改进起到推动作用。但是在大多时候，由于各种各样的思维障碍，意识到需求的存在对于同学而言有一定困难，因此保持敏感度，感受到情绪的存在就变得异常重要。

情绪与发现问题有着密切联系，我们常常是通过自己的情绪意识到问题和需求的存在的。但是很多时候，我们难以意识到这种情绪的产生，或者对这些情绪的认知发生偏差，导致我们错过了真实的需求或错误地判断了需求。我们需要意识到，认知情绪对于发现问题而言非常重要。

四、课堂活动：认知情绪

活动步骤：每个小组分发到免费的一包薯片，请大家分享薯片。

情绪的剖析：

（1）在收到免费薯片的时候，你的心情是什么样的？

（2）刚开始吃薯片的时候，你的情绪是什么样的？是什么导致了这样的情绪？

（3）当吃了几片薯片后，你想到了什么？这时候你的情绪发生了什么样的变化？

（4）吃薯片的过程中，你还出现了什么情绪？导致这个情绪的原因是什么？

（5）小组总结：你们小组共产生了多少种情绪，每种相同情绪背后的原因有什么不同吗？

（6）小组总结：情绪的背后，你发现了什么样的问题？

网上看看：扫描二维码，看看答案与解释。

人每天都会产生各种各样的情绪，我们却很少去关注它们。但是，情绪却从我们思维的底层对我们产生深远的影响。如果将人比作一个电脑，那么情绪就类似于电脑的底层操作系统，后天所学习的知识和规则则相当于软件。当情绪出现问题时，操作系统崩溃，所有后天学习的知识和规则都失去了作用。这就是为什么我们失恋时，悲伤、愤怒的负面情绪会严重影响日常的所有行为。人到底有什么样的情绪呢？我们将其分为两个大类：一类为积极情绪，另一类为负面情绪。积极情绪包括愉悦、幸福、放松等，负面情绪则包括愤怒、恐惧、焦虑、悲伤等。

五、情绪与需求

在我们对发现问题进行进一步阐述之前，我们来思考一下情绪与人类需求的关系。美国心理学家亚伯拉罕·马斯洛 1943 年在《人类激励理论》论文中将人类需求按从低到高的顺序分为五种，分别是生理需求、安全需求、社交需求、尊重需求和自我实现需求，这也是著名的马斯洛需求理论（图 3-2）。我们的负面情绪来自需求未被满足，而正面情绪则来自需求被满足。为什么食物作为一种“产品”在人类进化的历史中从未被淘汰，原因在于它满足的是人类的最基本的生理需求。人类的每一次创新，都在尝试解决我们的问题，满足我们的需求。

我们到底有什么样的情绪呢？这些情绪和我们的需求有什么关系？我们人类都有最底层的生理需求，如肚子饿了有食物吃，困了能睡觉，能够正常呼吸。当我们的生存条件被满足了，我们自然就愉悦了。同样地，我们也有安全需求，因此发明了密码锁、门禁、房屋，将我们与外界的危险隔开，我们自然就感觉到愉悦和舒适。当然，我们也希望有亲密的朋友和社会关系，希望能够出去旅游放松，希望获得他人的尊重和喜爱……这些所有的被满足了，我们就会感觉到愉悦。所以，愉悦就是需求被满足。

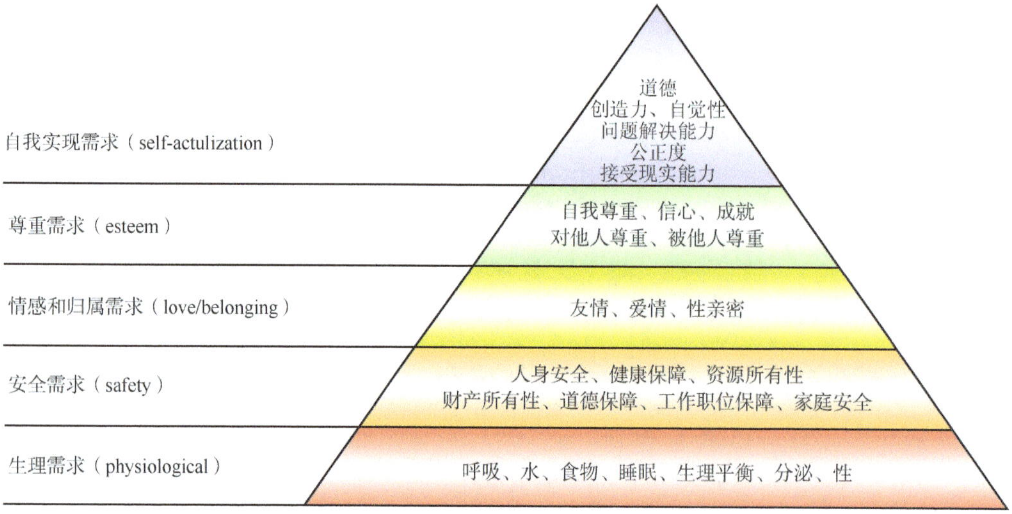

图 3-2 马斯洛需求层次理论
（资料来源：百度百科）

爽这个词则比愉悦更强烈，它来自长久未被满足的需求突然被满足了。例如，军训的时候，同学们站在烈日下晒了 60 分钟，滴水未进。当教练发出“休息”的号令时，我们会迅速拿起水壶，猛地喝上几口，那一刹那你脑海里不会出现“我好开心呀”，而会不由自主地喊出：“好爽！”那么当你的需求未被满足时，你就会感到不开心和不爽。这种负面情绪，有着更加宽泛的边界，如生气、烦恼、痛苦、厌倦、悲伤、烦躁、茫然、恐惧等。

如果说愉悦可让你探索你被满足的需求，那么不爽的情绪就能够帮助你找到什么需求未被满足。我们来谈一谈一对强烈的负面情绪：愤怒和恐惧。愤怒其实属于恐惧，都来自边界被侵犯。我们想一下，如果一个小偷偷你的钱，你会感觉到愤怒。但是这个小偷拿着刀抵着你的腰，缓缓将手伸进你的钱包里，你感觉到的就是恐惧。焦虑其实也是恐惧，它是对未知的恐惧。最好的例子就是考试，考试前我们会非常焦虑，严重的同学甚至会失眠。为什么？因为我们害怕考试的结果不理想。

恐惧是一种非常强烈的情绪，我们能够通过这样的情绪找到背后强烈的未满足的需求。医疗的发展和创新为什么这么迅速，为什么这么多的资金会投入医疗研发，因为背后是我们对死亡的恐惧。女生会拼命地买化妆品和护肤品，背后则是对衰老的恐惧。

创新的目的之一，就在于满足人类的需求，需求满足时负面情绪会消除，积极情绪会出现。情绪变化、波动的背后隐藏着这样的真相：①我们感到爽的时候，我们的需求被满足了；②我们感到不爽时，意味着有需求未被满足。问题则是情绪与需求之间的桥梁，情绪让我们意识到有问题的存在，通过解决各类问题，我们满足需求。情绪、问题与需求的关系，如图 3-3 所示。

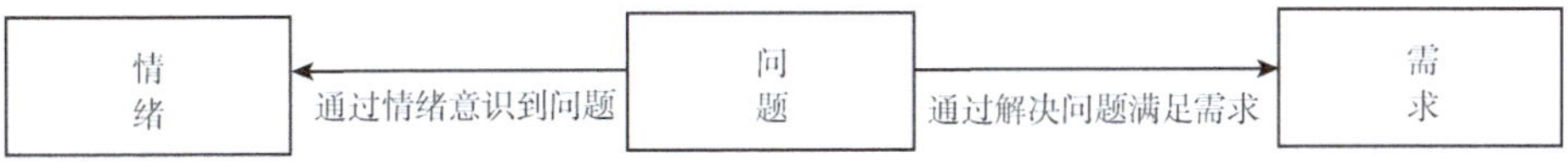

图 3-3 情绪、问题与需求的关系

六、情绪与创新

意识到自己的情绪，找到影响我们情绪的具体现象，就能够进行创新：将带来愉悦的事物进行运用或保持，也能够创造出解决不爽的产品、服务。

韩国偶像剧总会营造一种恋爱的氛围，剧中富裕、英俊、深情的男主爱上平凡的女孩，这类的故事其实在人类历史上非常普遍，如知名的《灰姑娘》。女孩在看这类爱情故事时，会产生一种愉悦、兴奋的积极情绪，因为“幻想”被满足。美国的英雄漫画如蜘蛛侠拯救世界这类故事，让小男孩欲罢不能，他们的兴奋也来自“幻想”被满足。我们关注到这种愉悦情绪的产生时，就会理解普遍现象：人会产生各类的幻想。女孩可能会幻想自己与英俊专一的男人相爱，男孩可能会幻想自己成为英雄。这种幻想的背后，是人类对于情感、归属的需求。

愉悦这样的情绪，可能还会写在更深层的基因中，它与你天生相绑，来自你的自我实现。这是一种隐性天分，这个东西会持续给你带来满足感。这种独一无二的热情会促使你投入大量的时间，从而进行创新。《徒手攀岩》是由金国威、伊丽莎白•柴•瓦萨赫伊联合执导的纪录片，该片于 2018 年 8 月 31 日在美国上映，并获得第 91 届美国奥斯卡金像奖最佳纪录长片。徒手攀岩，属于攀岩的一种形式，一种户外的极限运动，是指不借助任何辅助工具进行攀登，这样的运动对攀岩技巧要求极高，同时也是对心理考验的极大挑战。《徒手攀岩》记录了主人公亚历克斯•杭诺尔德（Alex Honnold）2017 年 6 月 3 日无辅助徒手攻克美国约塞米蒂国家公园 3000 英尺（1 英尺 =0.3048 米）高的酋长岩（El Capitan）的全过程。主人公亚历克斯不是一个好胜或寻求关注度的人，但是他却展现出对徒手攀岩的疯狂热爱，他从 2009 年就梦想着徒手攀登酋长岩，他准备了一年半的时间，借助绳索攀爬过近 60 次酋长岩。他表示，自己这样做并非为了进行预演，而是反复尝试不同的岩点，研究攻克最难的区域。能够看到，这样一个危险的活动，与我们最基本的生理和安全需求背道而驰，但是亚历克斯却疯狂地热爱它，这样的热爱是从基因中带来的，在这样的热爱的驱使下，他对徒手攀岩的方式进行不断改进，不断地挑战，并进行创新思考，战胜困难。同样的狂热，还体现在许多艺术家、数学家、科学家身上。

正视你的情绪，感受你的愉悦和不爽，从个人角度而言，能够帮助你找到你的天分和方向；从社会角度而言，能够帮助你找到不同类别的需要，从而实现创新。找到你所愉悦的事物，不仅仅是创新活动中颇有意义的一部分，也是同学们在人生进程中颇有价值的环节。1万个小时理论告诉我们，只要你花费足够多的时间钻研某些事物，你就能够在相应的领域比他人优秀。但是只有当你感到愉悦的时候，才能支撑起反复的努力和长时间的投入。

思考：

（1）思考一下在过去的几个月里，在做什么事情的时候，你会感到愉悦？请你找到带来这种愉悦的事物，并探索背后的需求。

____

____

____

（2）思考在你的人生中，什么样的东西会让你产生愉悦感，并且多年来你都很热爱它，当你投入其中时，会感到时间飞快流逝，非常满足。

____

____

____

同样地，不爽的情绪则会伴随着一些现象和问题出现，在对这些问题进行解决的过程中，我们则有可能进行创新。我们的祖先常常受到动物的威胁，这种恐惧的情绪持续了很长时间，后来他们学会了用火，终于拥有了一个简单的“武器”。在2G时代，上网速度的缓慢让我们烦躁，终于在今天我们拥有了稳定的4G，而5G时代也即将到来，我们的烦躁消失了。现代人的生活非常忙碌，回到家还需要花费大量时间做饭，给职场人士带来了烦恼，于是外卖出现了。我们会发现，负面情绪常常伴随着未被解决的问题，这个问题让我们的需求无法满足，而我们所见到的各类创新产品和服务的出发点，就是解决这些问题，满足人们的需求。

每个人的需求都是一样的吗？每个人的需求有其相似处，却也各有不同，因为每个人的生活环境、性别、年龄、工作等各不相同，因此每个人触发情绪的点也各有千秋。

案例：纸尿裤的发明

纸尿裤这个发明大家已经耳熟能详了，几乎每个新生儿都会用到这个物品。纸尿裤未发明之前，家长都是使用尿布的，尿布需要通过布的反复折叠，来达到提高吸水性和防止漏尿的效果。虽然传统尿布布料的透气性往往不错，但是无法保持干爽，几乎是湿了就要换，其直接的后果就是每天都有洗不完的尿布，让新手爸爸妈妈疲惫不堪，烦躁不已。到底烦躁这种情绪的背后，是来自什么样的需求未被满足呢？反复洗尿布可能会带来身体的疲惫，这属于基本的生理需求未被满足；因为洗尿布的工作负担大，也有可能会带来夫妻的争吵，这属于情感和归属需求的未被满足。纸尿裤的发明能够解决这些问题，满足这些需求，也难怪爸爸妈妈们对它情有独钟。

本单元，我们分享了创新的首要步骤就是发现需求，而需求的发现与我们对情绪的认知有着密切的联系。现实生活中，有各类创新的产品和服务，都能够解决我们遇到的问题，满足我们的需求。不妨让我们来思考一下，生活中有什么样的问题已经被解决了呢？

总　结

本章中我们学习了如何通过感知情绪，发现问题和现象，同时深入理解问题与现象背后的各类需求。请各位同学根据自己的记忆，以及对本章知识的理解，回忆过去的生活中是否出现过以下的情绪，是什么问题或现象导致了你这样的情绪？与这些情绪、问题相关联的需求是什么呢？

情绪	问题 / 现象	需求（生理需求 / 安全需求等）
例：焦虑	到了期末考的时候，因为平时没怎么好好读书，要考试的科目又多，我非常担心会不及格	安全需求：通过考试，获得毕业证，能够得到工作职位。 尊重需求：不及格很丢脸，会失去信心，同学可能会对我产生不好的看法
愉悦		
爽		
愤怒		
害怕		
悲伤		
（请你自行填写）		

延伸思考

本单元，我们讨论了如何从情绪入手，认识到背后的问题，探索蕴藏的需求。那么在现实世界中，各类的创新活动常常都是从用户遇到的问题，以及需求出发开始的。请同学们思考一下，以下的情绪和现象，目前市面上有什么样的产品可以解决？或者在面对正面情绪的时候，有什么产品维持住了带来正面情绪的现象？

请各位同学思考并结合自己的知识，填写下表。

情绪	问题 / 现象	产品
焦虑	大学毕业后参加工作，很多时候都担心自己的专业能力、知识水平不足，无法获得晋升。但是平时工作很忙，没有完整的时间可以用于培训学习	
烦恼	去面试的时候，肩膀上有头皮屑，看起来很惹眼	
愉悦	抢到了微信里的红包，尽管只有 1 元，但是免费获得红包，特别愉快	

单元二 同理心的培养——换位思考

教学目标

理解同理心的含义，重新刺激自己的大脑和感官，从不同的视角看待同样的事物，培养同理心。

一、同理心的含义与作用

每一位初入市场的创新者心中都会有一个疑惑：消费者有什么样的需求，他们遇到了什么样的问题？此时必须借助换位思考来揣测消费者的内心。

唐代大诗人白居易曾经说过，待人处世之道不过是“以身观身，以心度心”，简言之就是“同理心”。但是要做到同理心，就必须学会“用别人的眼睛看世界”，这其实是一件非常困难的事情。因为每个人都会被自己过往的学习经历或生活经验所绑架，认为自己的理解与经验才是真理，并固执己见。无怪乎我们常常在职场上看到聪慧绝伦的发明家或是优秀的技术创新者在自己的专业领域内备受尊敬，可是一旦投入创新或创业领域，却一败涂地，深究其原因就是缺乏换位思考的能力。其实通过换位思考训练每个人的同理心，不仅是创新思考的方法，也是为人处世的大学问，只要是人都要学。

前面介绍了情绪的重要性，同理心是感知他人情绪、感受并做出反应的能力，“同理心”，这是一种换角色思考、设身处地体会他人感受的思考方式，和“同情心”有本质的不同，如有个人掉到山洞了，有“同情心”的人会说：“你好可怜。”但有“同理心”的人会说：“洞里这么冷，你一定不好受。”拥有同理心的人，能够充分感受他人的真实情况，即便彼此的感受、想法、价值观有着较大的差别。在上一个单元，我们理解了情绪，重新感知了情绪，在这一单元我们要运用同理心感知他人的情绪。

同理心在发现需求中起到了重要的作用，它能够帮助参与者从用户、需求方的角度思考，体会他们的挣扎，借用他们的身份和视角，使得他们的需求和渴望变得更清晰。同时，同理心也帮助人们在创新的过程中能够打开视野，发现各类人群所面对的问题。因此，在对创新问题的源头进行探索之前，建立起同理心是非常重要的一步。

二、同理心的培养方式——体验与代入

培养同理心的最好方式，就是成为那个人。“角色扮演”让人们得以亲身体验对象的处境，用感同身受代替主观臆测。这种思考，比先入为主的“我以为”要更深刻。首先是“走出自我”，站在一个中立的、客观的视角，仿佛“灵魂出窍”。其次，是“成为他人”，进入他人的角色中，开始以他人的思考方式进行活动，理解他的生活情境与行为逻辑。

案例：孩子的需求

黄女士非常优秀，一提到她，大家都说她是个聪明能干的女强人。从事设计行业，事业有成，公司发展得非常好。这两年生意稳定了，经济实力优渥，便找了保姆。

黄女士夫妻因为长期不在女儿身边，在多数的时间里，他们只能尽量满足女儿的物质要求，给女儿买喜欢的食物、玩具，但是却很少参加女儿学校的家长会。慢慢地他们发现女儿的学习成绩很差，甚至还经常打架说谎不听话。他们花费了大量金钱让孩子上补习班，请家教，但是都没有效果。黄女士夫妻很着急地问女儿：“爸爸妈妈花了这么多钱，给你买喜欢的东西，让你上培训班，你还想要什么？”女儿只说了一句：“那都不是我想要的。”

思考：

（1）孩子需要的是礼物和钱吗？

____

____

____

（2）大人为什么会单方面地给予孩子钱、礼物呢？

____

____

____

三、课堂活动：盲人体验

准备工作：黑色纱布，用于制作眼罩。每人一张 A4 白纸。每个小组配备一把尺子、若干支铅笔、一块橡皮、一盒水彩笔、一卷胶带、两把剪刀、一根竹签等。（可自行增加各类文具，在体验阶段二开始后再进行道具的真实运用）

第一步：要求各小组在 10 分钟内，设计一个“盲人”群体使用的文具。请各组画出自己的设计想法，并每组用 1 分钟的时间简单介绍自己的方案。

第二步：分发所需道具，每位同学运用黑色纱布制作成眼罩，蒙上眼睛后，运用

各类文具，按顺序完成下列任务。

（1）在 A4 纸上写下自己的名字，并写一段不少于 20 字的自我介绍。

（2）画 5 朵彩色的花，直径不小于 4 厘米。

（3）将其中一朵花剪下来。

（4）用胶带将小组所有人的花用立体的方式，围绕着竹签贴上。

（5）戴着眼罩在教室内随意活动 20 分钟以上。

第三步：经历过蒙眼后，恢复视力的学生要求重新考虑他们之前设计出的文具方案，运用自己的蒙眼体验做出修改。

（1）关注自己的情绪，说出在体验过程中所感受到的情绪、问题、需求。

情绪	问题 / 现象	需求（生理需求 / 安全需求等）

（2）提供 5 ～ 10 分钟的时间，学生可以对原先的方案重新进行设计，用 1 分钟左右的时间进行课堂展示，并阐述前后方案的异同。

总　结

同理心 → 走出自己 → 代入他人 → 感知他人情绪

本章介绍了同理心的一般操作步骤，通过走出自己固有的思维和认知，代入他人的角色，感知他们处于不同环境、情境下的情绪，从而理解他人遇到的问题和困扰。同理心是发现问题的一种基础能力，只有掌握了这种能力，才能够在接下去的课程中打开视野，从多角度发现有价值的问题。

延伸思考

本单元我们探讨了同理心到底如何使用，当你放下自己的想法，清空自己的大脑后，将会有全新的感受。

体验一下“不说话”的一天吧。在不能说话的一天里，你会经历什么样的喜怒哀乐呢？

单元三　同理心的运用方式

教学目标

运用观察与倾听的方式培养同理心；掌握发现问题的一般方法；能够将方法运用到实际生活中，进行实践。

一、同理心的培养：观察与倾听

虽然体验的方式效果显著，能够迅速且强烈地让同学们感知到他人的情绪和需求，但并非在所有情况，我们都能够通过体验的方式将自己代入其中，这时候观察、询问和倾听就变得异常重要。用心观察与耐心倾听，绝对不把人的行为贴上标签，将个人简化为抽象的概念。会出现将其他人的行为贴上标签的情况，那是因为我们每天要处理的事情太多了，若是能将别人的行为标签化，就能够轻易地将对方的行为诠释为某种现象，然后就可以套用某种方法“正确地去应对”，尤其是老师在管理众多的学生或客服人员在处理众多的顾客时，这会让问题处理起来“简单又有效率”，但这却会妨害我们去了解对方的想法。哈佛医学院教授、心理学家亚瑟·恰拉米科利（Arthur Ciaramicoli）在《你的感觉，我懂！》一书中指出：“唯有先搞清楚别人在讲什么、在想什么，充分了解他的想法与感觉，你才能做出对的结论。”

为了帮助我们快速脱离自以为是的框架，顺利地进入换位思考，美国的商业设计顾问公司 XPlane 设计了“同理心地图”（empathy map）（图 3-4）。同理心地图分为上下两部分，上方四个面向分别是：

（1）你发现对方看到了什么？用户在日常生活中遇到了什么？看到的可以是人、他们的活动或者其他的东西。周围的人在干什么？在用户的环境或市场中，用户在看什么、读什么、接触什么，它们是怎样影响用户的？

（2）你发现对方说了什么？用户是否有所抱怨，是否与他人发生交谈，交谈的内容是什么呢？态度是怎么样的？

（3）对方听到了什么？它是如何影响用户的？考虑一下用户与家人、朋友和同事的个人关系，关注那些影响用户思考的事情。

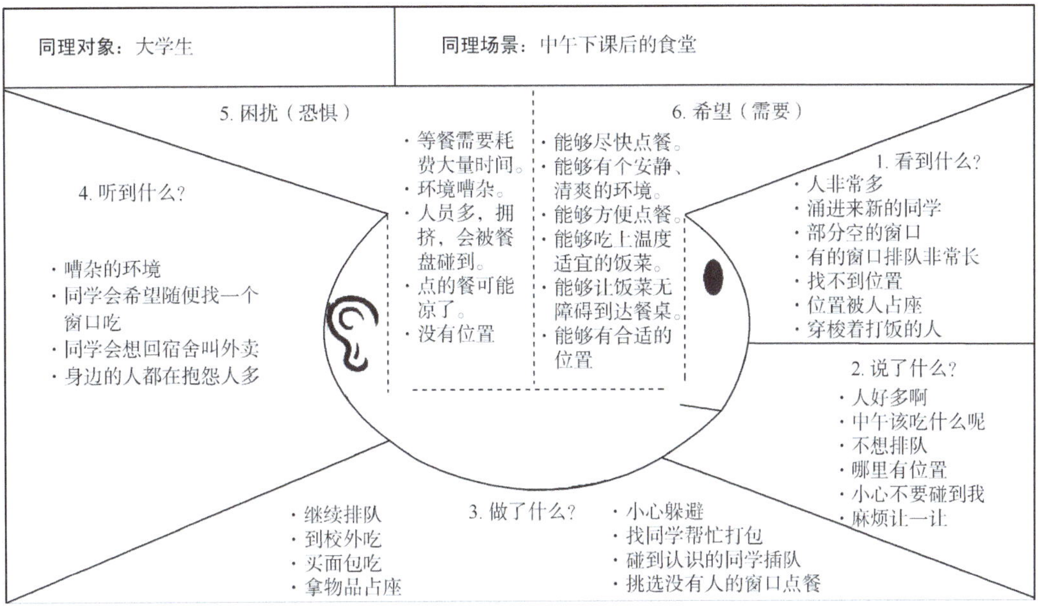

图 3-4 同理心地图

（4）对方做了什么？他的行为是什么？他的行为是怎样的？

这四个方面的问题可以协助你厘清所接收到的资讯，接着将所见、所闻、所感加以归纳分类，再利用第五个和第六个问题，进一步发掘对方所面临的困难与期待：①对方的恐惧、挫折与阻碍是哪些？②对方想要的目标、期待的支援又是什么？

当你把所有对方透露的信息完整地收集之后，接下来就必须进行分析并给出答案，这个时候我们老祖先的智慧就派上用场了。孟子说："恻隐之心，人皆有之；羞恶之心，人皆有之；恭敬之心，人皆有之；是非之心，人皆有之。"《道德经》里说，"知人者智，自知者明"，人若先将自己明白透了，世上一切物理人情无不迎刃而解。据此可知虽然每个人都是不同的，但人性却是相通的。因此，若能够做到反求诸己，推己及人，自然能够看清别人的心理与需求，这就是白居易"以身观身，以心度心"的道理了。

我们可以运用同理心地图，对不同用户与不同的场景进行观察与倾听。以学生中午下课后到食堂吃饭这个场景为例，我们来思考一下同理心地图的使用。在该地图中，篇幅有限未能列出所有的内容，同学们可以根据自己的情况进行添加。同样需要注意的是，在我们描述希望和需要的时候，不要过于明确地描述具体方案。例如：我需要点餐系统。点餐系统不一定是用户的需要和希望，对于用户来说只是希望能够尽快吃到可口的饭菜即可，点餐系统只不过是解决问题的一种方式而已。

二、课堂活动：同理老师

以老师作为同理心对象，以教室作为同理的场景，运用同理心地图进行练习，观察老师。

时间：10 分钟。

反思：请你将你填写的同理心地图分享给老师，看看他们的真实感受是否与你观察到的一样呢？

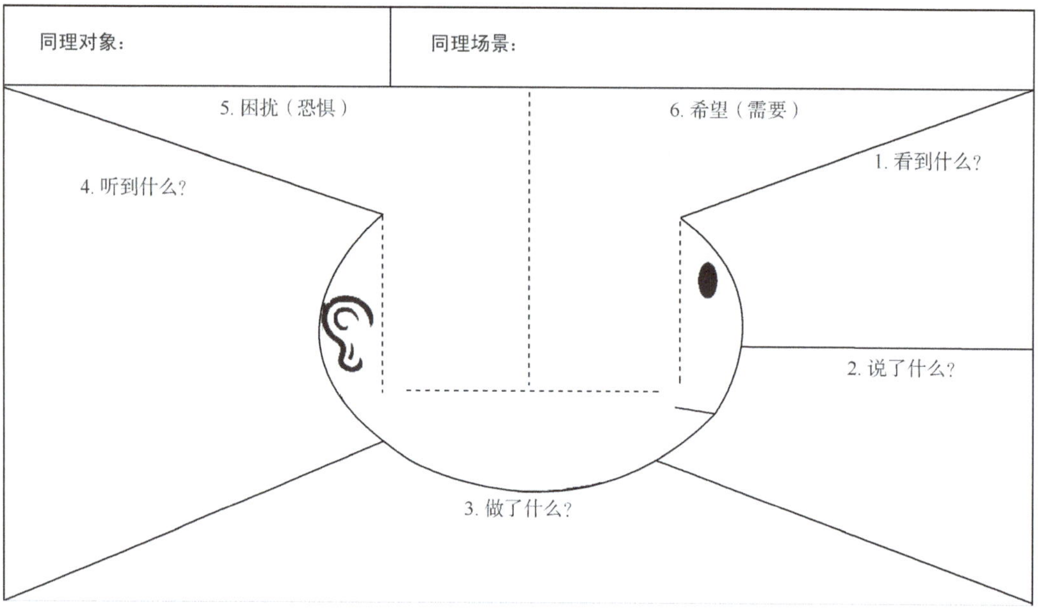

三、发现问题的技法

当我们无法通过角色扮演进行探索时，便需要我们从实际的问题情境中去寻找问题，从周围世界中的事、人与事物的互动中寻找到具体的问题，这要求人们具有敏锐的观察能力。

列举法是一种发现问题的技法，要求在观察和倾听的基础上，进行更加细化地分解问题，针对具体事务的特点对象（如缺点）从逻辑上进行分析与罗列，再针对列出的项目进行思考，探讨如何进行改进，实现创新。按照这样的逻辑，列举法可以分为缺点列举法、希望列举法、属性列举法等，本章将重点介绍前两种。

1. 缺点列举法

缺点列举法是通过观察、挖掘、列举分析对象的缺点、问题、不足，对相应的缺陷进行改进和创新的一种技法。缺点列举法主要是围绕人在使用事物的过程中实际遇到的问题加以探索，帮助人们发现问题，从而更好地进行创新。该方法要求使用者注重关注负面情绪，也就是单元一中我们所提到的不爽、恐惧、愤怒、焦虑、烦恼等。在日常生活中，我们一定会有不爽的情绪发生，那么认真思考触发我们负面情绪的场景、动作和事物，能够帮助我们进一步找到需求。

课堂讨论：在使用牙刷的过程中会有什么不爽的时候吗？

思考时间：3 分钟。

例如：

刷牙的时候牙龈会感到疼痛。

不知道每次刷牙要刷多久。

牙缝里的东西刷不出来。

小朋友拿不住牙刷。

有的牙刷太丑了。

在脑海中重新体会和思考自己使用牙刷过程的每个步骤，能够很好地帮助我们唤醒回忆，重新刺激自己，但是这样单靠想象有时候很难更加全面地思考使用物品过程中遇到的问题和困扰。因此，在寻找缺点的过程中，我们应该运用同理心与发散思维，从更多角度去寻找问题，如不同人群、不同地点等。

分享：针对这些问题和痛点，市面上也有各类产品来解决，你认为下面的产品解决了上述的什么问题呢？

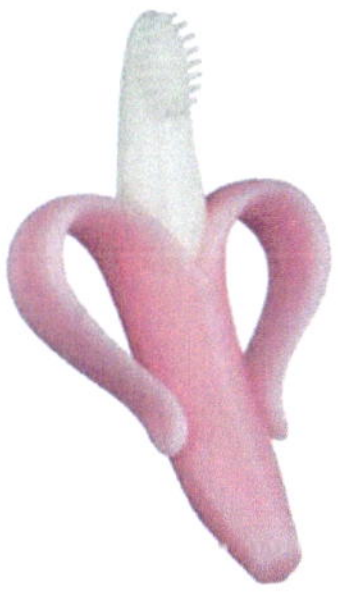

案例：

使用雨衣的过程中，你感觉到有什么不方便和问题吗？是否出现过不爽的情绪呢？如表 3-1 所示。

表 3-1　雨衣的缺点

物品	人群	场景 / 物品特质	问题（缺点 / 不方便）
雨衣	普通成年人	（场景）夏天	很闷、不透气
		（场景）冬天	变硬、坏掉、很冷
		（场景）骑自行车	上下车不方便，容易绊倒，上车后需要整理很久
		（场景）收纳	湿漉漉难以折叠
		（物品特质）下摆	容易弄湿裤子
		（物品特质）袖口	手部露在外侧，无法挡雨
	个子高的人	（物品特质）雨衣大小	难以适合个子高的男性，会有部分裸露在外面
	幼儿园小孩	（场景）穿戴	小朋友很难自己独立把衣服快速穿好

课堂练习：寻找问题。

活动时间：5 分钟。

道具：白纸或白板，白板笔或水彩笔。

活动要求：请任意围绕某类物品进行练习，填写下表。

物品	人群	场景 / 物品特质	问题（缺点 / 不方便）

2. 希望列举法

希望列举法是以人们提出的种种希望或愿望作为出发点，进行分类、归纳、列举。它的特点就是运用扩散性的想象去发现问题。对于现有或未知的事物提出要求，“希望……”，“要是……就好了”，按照意愿提出新设想，在此基础上与现有的事物进行对比，产生创新的可能性。希望列举法更加重视我们“愉悦”的情绪，不妨思考一下，我们什么时候感觉到愉悦了，那么我们就能够进行进一步美好的设想。例如，我希望常常能收到免费的食物，我希望能够看到好看的文具。

在利用该方法寻找问题时，不需要有具体明确的目标或对象，只要通过对各人群在不同时间、地点、条件列出希望点，寻找新的方案或设想，满足人们新的需求和要求，将新的方案与已存的事物进行对比，就能够寻找到其中存在的问题。例如，针对消费者的希望和需求进行创新，就要对消费需求的宏观趋势与特点有所了解，西方学术界把当今消费潮流概括为舒适、美观、文明、优雅、经济、时尚、饮食、健康、知识。

运用希望列举法时，可以针对相应的范围思考。

四、课堂活动：用希望找问题

围绕“本章发现问题的范围”用希望列举法进行列举。

时间：8 分钟，每组展示时间 2 分钟。

活动步骤：

（1）在问题范围内回忆，什么样的情况下你产生了“愉悦”“放松”等正向情绪？

（2）对这些给你带来正向情绪的事物，你是否有所希望？

（3）请填下表，并以“我希望……”为基本句式完成表格。

范围：

情绪（正向）	原因	希望
愉悦		
放松		

总　结

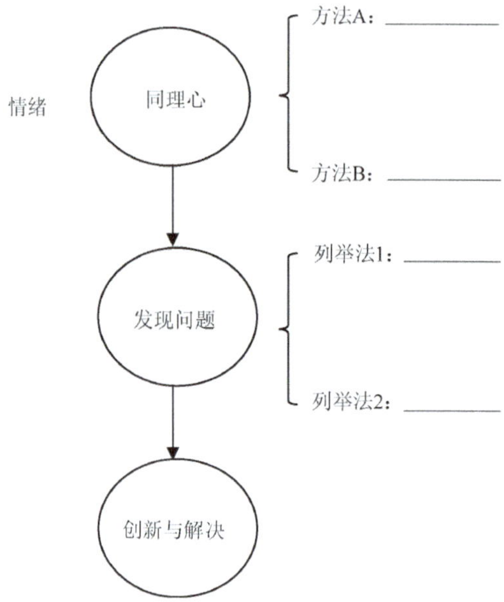

在本章中，我们学习发现问题的流程与重要方法。第一步需要掌握同理心，挖掘不同人群背后的情绪，打开通往发现问题的第一扇门。第二步可以运用发现问题的技法，在同理心的基础上，更好地找到问题。第三步解决问题的办法，将在接下来的章节中进行教授。

延伸思考

问题（需求）是创意与创新过程中的第一步，在后续的课程中都会围绕本章同学们所发现的问题进行思考与探索。为了更好地开展后续活动，请同学们思考并达成共识，在本次列举法部分，我们将运用同理心围绕什么样的人群展开讨论呢？

运用本章学习的所有方法，从同理心出发，结合缺点列举法、希望列举法，挑选适用的工具发现的问题吧。

第一步：选择同理对象 / 思考对象。

目标人群	物品 / 服务	地点	时间

第二步：运用同理心地图进行思考。

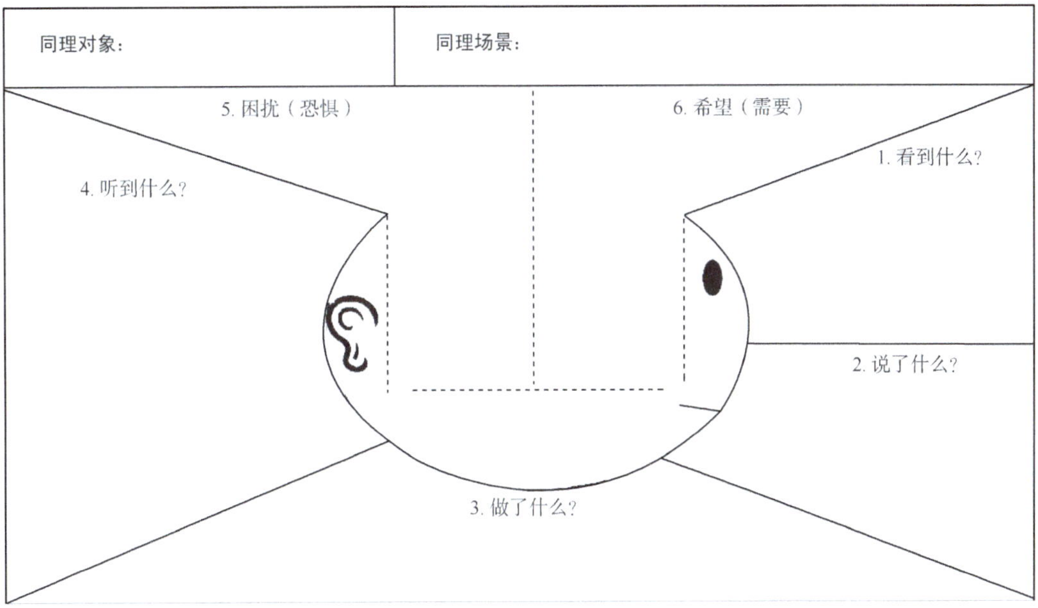

第三步：运用列举法发现问题。

工具 1：缺点列举法

物品	人群	场景 / 物品特质	问题（缺点 / 不方便）

工具 2：希望列举法

范围：

情绪（正向）	原因	希望
愉悦		
放松		

第四章　问题界定与分析

单元一　界定问题

教学目标

掌握界定问题的方法，判断和界定生活中“真”问题与“假”问题；掌握理解问题描述问题的方法，发现未知的事实；揭示因果，找到真正的需求；找出客户甚至都不知道的问题。

一、问题的界定是问题解决的一半

我们每天都会遇到各种各样的问题，而一提到解决问题，有的人就说，赶快告诉我具体方法。可是，正确解决问题的步骤是：第一，你要把事情摸清楚；第二，要弄清问题到底是什么；第三，你要想出你的多种方案；第四，对多种方案的后果进行比较，进行反馈的调控，只有这样做，才能真正解决问题。

控制论认为，“过程受目标所控制”，界定问题无非就是正确地确定解决问题的目标。这些步骤都重要，不可轻易改变，最重要的是什么呢？是对问题的界定，即弄清问题到底怎样。只有首先把问题界定好，才等于找到了应该瞄准的“靶子”，否则，就是瞎撞，要么劳而无功，要么是南辕北辙。所以著名思想家杜威说：“一个界定良好的问题，已经将问题解决了一半。”

（一）界定问题的性质、范围、程度和特点

界定问题的性质就是要搞清楚两方面内容：这是什么问题，即问题的性质如何，与理想状态的差距在何处；这不是什么问题，即排除不属于问题的正常状况，缩小研究领域。

界定问题的范围是指搞清楚问题发生以及影响的广度，主要是问题影响所涉及的范围；界定问题的程度是指搞清楚问题发生或影响的深度，也就是问题影响的严重程度，主要从问题的后果角度进行界定；界定问题的特点是指搞清楚所发生的问题与其他类

型情况有何不同，存在什么特别之处。

（二）界定问题产生的原因

解决问题要追根寻源才能治本，要深入查找原因，包括客观原因和主观原因、主要原因和次要原因、直接原因和间接原因等。考虑多种原因和影响，考虑非线性作用，找到问题出现的可能原因与真正原因。

案例：神奇的冰激凌

通用汽车公司黑海汽车制造厂总裁收到一封关于汽车的抱怨信："这是第二次给你写信，我不会怪你没有答复我提出的问题，因为这个问题实在是太荒诞，但它的确是事实。我家一向有一个晚餐后吃冰激凌甜食的传统。因为有很多种冰激凌，故全家举手表决吃哪一种，然后，我就开车去商店购买。最近我买了一辆新的黑海牌汽车，从此以后，去商店就出现了一个问题。你知道，每次我从商店买完香子兰冰激凌回家，汽车就启动不了。但我买其他种类的冰激凌，汽车启动得很好。无论这个问题有多愚蠢，但我还是想让你知道我对这个问题非常关注：是什么使得我买香子兰冰激凌时，汽车启动不了，而买其他冰激凌，汽车就容易启动。"

黑海汽车制造厂总裁对这封信感到迷惑不解，但还是派了一个工程师去了解情况。工程师发现这名客户住在一个整洁的居民区，是一个受过良好教育、修养很好的男子。这个男子安排这个工程师在晚饭后开始工作。晚上他们跳上汽车去冰激凌店，也是买香子兰冰激凌，返回时，车果然启动不了。

工程师又连续去了三个晚上。第一个晚上，车主买的巧克力冰激凌，车启动了；第二个晚上，车主买的草莓冰激凌，车也能启动；第三个晚上，车主买的香子兰冰激凌，车启动不了。工程师绝不相信这部车对香子兰冰激凌过敏。于是他加倍工作以求解决问题。每次他都做记录，写下各种数据，像日期、所用的汽油类型、汽车往返的时间等。在这几天里，他发现了点线索：车主买香子兰冰激凌所花的时间比买其他冰激凌所花的时间要短。这是为什么呢？答案就在冰激凌店的货架上。香子兰冰激凌很受欢迎，故分箱摆在货架前面，很易取到。而其他冰激凌都摆在货架后面分格里，这就需要花较长的时间去找，然后顾客才能得到。

因而问题就变成了：为什么车停很短时间，就启动不了。工程师进一步找到了问题的答案，即不是因为香子兰冰激凌而是因为汽锁使汽车启动不了。每天晚上买其他冰激凌额外需要一段时间，而这段时间可使汽车充分地冷却以便启动。当车主买香子兰冰激凌时，时间很短，汽车引擎还很热，所产生的汽锁耗散不掉，因而汽车启动不了。

原因找到了，解决这个问题应不会太难吧？所以很多问题要往根上走，你回到根本以后，才可以把它界定好，只有界定得好，才好去解决它。

二、描述问题的技法——“5W2H 法”

（一）什么是“5W2H 法”

在描述问题时，常见的方法是“5W2H 法”（图 4-1），即用五个以“W”开头的英语单词和两个以“H”开头的英语单词进行设问和描述问题。通过 5W2H 法找到问题的根源，并发现解决问题的线索，从而探索到创新的思路，最后帮助客户解决难题。

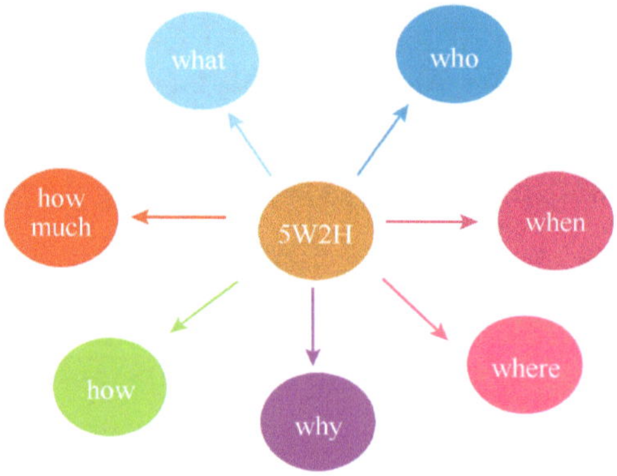

图 4-1 “5W2H 法”

此法的关键就是把问题分解成几个方面，然后逐个解决。“5W2H 法”的具体内容如表 4-1 所示。

表 4-1 “5W2H 法”的具体内容列表

序号	内容	解释
1	what	是什么？例如：是什么问题？是什么目的？
2	why	什么原因？例如：产生的原因是什么？为什么出现问题？
3	who	谁？例如：谁的问题？
4	when	何时？例如：这个问题在什么时候发生？
5	where	何处？例如：在哪里发生或在什么范围内的问题？
6	how	怎样？例如：问题是如何呈现的？
7	how（many 或 much）	多少？例如：问题出现的频率是多少？需要解决的欲望强烈度是多少？

（二）“5W2H 法”的使用时间

（1）在讨论任何一个问题时，希望获得该问题全面视图的时候。

（2）为了了解事物或事件本质的时候。

（3）探索你的相关主题的时候。

（4）准备获得你不知道问题的答案，准备一些更有用的问题的时候。

（5）在完成行动计划时，需要知道谁、因为什么事情、什么原因、在什么时候、什么地方完成等问题的时候。

案例：关于高校图书馆占座问题，用“5W2H 法”对问题进行逐个分解并进行描述

如表 4-2 所示，我们可以明确地知道高校图书馆占座问题主要产生的原因是图书馆桌椅过少，同时也由于期末时学习人数过多；主要的占座人员有自习的学生以及老师；占座的高峰时间为晚上、周末以及期末；占座高发地点一般为阅览室、自习室、讨论室以及公共活动空间等；占座这个现象主要是由师生自身体验以及旁人诉说而得知的，当然占座现象最直观的呈现方式就是在桌上放本书籍或者水杯等；目前高校图书馆占座这个问题出现的频率还是相当高的，所以许多师生反映这是一个当下亟待解决的问题。

表 4-2 “5W2H 法”举例

序号	内容	解释
1	what	图书馆占座问题
2	why	因为桌椅少、期末学习的人多等
3	who	图书馆自习、阅读的学生、老师
4	when	晚上、周末、期末等时间段
5	where	阅览室、自习室、讨论室、公共活动空间等
6	how	师生亲身体验、旁人的诉说或者是看到桌上有书籍、水杯等
7	how（many 或 much）	高频率出现、是亟待解决的问题

（三）课堂活动：如何描述“酒店浴室易滑倒”的问题

对上一章同理心体验时发现的几个问题通过小组抽签进行分配，然后各小组按照以下表格进行现场训练，用时 15 分钟。然后进行小组汇报 PK，每组 2 分钟。

1. 参与人数

每个小组 5 ～ 6 人。

2. 道具

大白纸，彩色笔。

3. 步骤

在白板上横向贴上一张全开的白纸，小组成员每人拿一支笔，先绘制一张表格（表 4-3），然后将与主题相关的任何想问的问题写在相对应的表格内。

表 4-3

序号	内容	解释

总结

（1）可以准确地界定并且清晰地表述问题，提高工作效率。

（2）有效地掌控事件的本质，完全抓住事件的主骨架，还原事件进行思考。

（3）简单、方便，易于理解和使用，富有启发意义。

（4）有助于思路的条理化，杜绝盲目性。有助于全面思考问题，从而避免在流程设计中遗漏项目。

（5）探索新的想法和新的创意，通过引导发现问题的根源，最后帮助客户解决难题。

探讨一个问题时，一般会问一系列的问题来获得问题的根源，再通过背景深层次地了解状况。应该至少问 5 个问题，来揭示因果关系。例如：问题是什么？在什么地方发生的？何时发生的？为何发生？然后可以进一步思考：你是如何发现这个问题的？这个问题涉及了哪些人？对他们来说这个问题的严重性如何？你认为解决这件事情的迫切性又如何？

延伸思考

请用 2 分钟时间将图中“5W2H 法”剩下的内容填写出来。

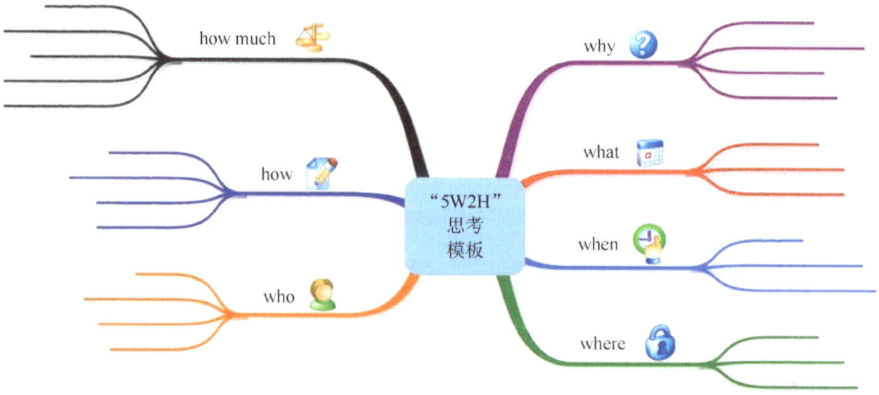

单元二 调查研究法

教学目标

在这一单元中，我们将从上一章“同理心”体验所得来的用户问题和需求出发，利用问卷和访谈，客观地描述用户遇到问题的频率、强度等，帮助同学掌握问题的真实情况，同时能够从多个问题中挑选出更加具有价值的问题，从而为获得解决方案奠定基础。

一、调查研究法的概念

调查研究法是指通过考察了解客观情况直接获取有关材料，并对这些材料进行分析的研究方法。这种方法也是创新设计中的常用方法，能够帮助设计者避免主观臆测的情况发生，掌握用户更加真实的情况。它一般通过抽样的基本步骤，多以个体为分析单位，通过问卷、访谈等方法了解调查对象的有关资讯，并加以分析来开展研究。

二、调查研究法的使用时间

（1）在对问题进行描述，并对所发现的问题整体情况大致了解之后。

（2）在对客户进行了观察、了解，需要对客户进行深层次探索的时候。

（3）针对发现的问题需要充分了解该问题背景的时候。

（4）在做解决方案前，需要对客户的问题进行深入探讨的时候。

（5）其他希望了解客户的状况、痛点、组织结构、竞争形势等情况的时候。

案例：酒店浴室滑倒问题

本部分内容以顾客在浴室里容易滑倒的案例展开调研。

第一步：研究对象。根据上一单元“5W”中的 who，可以明确调查研究的对象，收集用户的基本信息对用户进行分类。

你的年龄是？

性别是？

平时会住酒店吗？

第二步：确定访谈与提问的问题。通过“5W2H 法”将问题提取出来，对用户进行询问。

what 的问题是—— 是否经历过滑倒或担心滑倒。

when 的问题是—— 发生的时间。

where 的问题是—— 发生的地点。

在此可以补充了解其他信息，如问题对于用户而言的重要性与解决欲望。

最终希望通过三点对问题进行梳理：问题是否发生过，问题是否严重，用户是否希望解决这个问题。

（1）请问你在酒店的浴室里滑倒过吗？（包含 what 与 where）

A. 有

B. 没有

（2）如果你滑倒过，这样的事发生的概率和频率呢？（重要性和频率）

A. 每次住酒店都会

B. 住酒店时，偶尔

C. 非常少

（3）如果没有的话，那你担心自己会滑倒吗？（包含 what）

A. 有

B. 没有

（4）请问你在做什么的时候滑倒了？（包含 when）

A. 洗澡

B. 洗脸、洗手

C. 上卫生间

D. 化妆、护肤

（5）你认为浴室里易滑倒这个问题，需要解决吗？（重要性与解决欲望）

A. 非常需要

B. 需要解决，但是不够迫切

C. 不需要解决

因为这个例子中的时间与地点不够清晰，所以在问卷与访谈时我们会尽可能将相关信息提取出来，明确问题发生的时间与地点。若时间、地点信息已经很清晰，我们可以通过询问他们是否在该时间、地点遇到相应问题来进行判断。

有了这些问题和对象，问卷制作就相对简单了，只需要用市面上已有的问卷制作工具，如问卷星，就能完成。同时，这些工具还能自动生成图表和数据，对问卷结果进行分析与呈现。

三、课堂活动：我们调研吧

根据上一单元界定出来的大致问题进行深层次调研，探讨并确定真正的问题。要求小组成员分工合作，外出完成调研全过程（包括问卷设计、数据分析、汇报 PPT 制作），在下一周汇报成果，每组时长 4 分钟。汇报内容包括调研流程、工作情况总结、汇报中领导关注点、调研中的不足等事项，形成文字报告，以便下次调研时工作得到改进。

1. 参与人数

每个小组 5 ～ 6 人。

2. 道具

笔记本，笔（或者录音笔），照相机，录像机等。

3. 步骤

根据设计的主题或者需要解决的问题设计调研问卷，事先将问题发给相关人员，让他们知道调研的目的、内容及形式，以便事前准备。可以采取面对面的访谈，也可以通过电话会议或者视频会议进行访谈，形式可以是一对一，也可以是一对多，还可以是多对多。

在本章中，我们将从“同理心”体验所得来的用户问题和需求出发，利用问卷和访谈，客观地描述用户遇到问题的频率、强度等，帮助同学们掌握问题的真实情况，同时能够从多个问题中挑选出更加具有价值的问题，从而为获得解决方案奠定基础。注意在做调研、深层次的探索时，一定要将感情、感受、体验等全部转移到用户的角色上，理解用户，避免冲突。

第一步：确定研究对象。

第二步：确定研究问题。

第三步：制作问卷或访谈大纲。

第四步：抽样与问卷调查，或访谈。

第五步：问卷与访谈结果的整理思考。

总　结

在做调研、深层次的探索时，一定要将自己代入终端用户的角色，这里强调的是移情，也就是将自己的感情、感受、体验等全部移到用户的角色上，而不是换位思考，或者以客户为中心。

在做调研、深层次的探索时，一定要将自己完全代入一个最终用户的角色，这里强调的是移情，也就是将自己的感情、感受、体验等全部移到最终用户的角色上。这里深层次的探索和传统调研最大的区别就是站在最终用户的角度去思考问题，而不是站在客户的角度去思考问题，更不是站在我们自己的角度思考问题。比如手推车的设计，不是站在商场的角度，而是站在商场的客户——消费者的角度来设计手推车，所以这时的调研是针对消费者的行为、不满、期望而完成的。

单元三 逻辑树分析法

教学目标

在这一单元，经过前期的问题描述以及对问题进行深层次的调研之后，找到确定问题的所在，通过逻辑树法的具体分析最终找到几个解决问题的方案。

一、什么是逻辑树分析法

逻辑树，又称问题树、演绎树（图 4-2），是一种以树形结构系统分析存在的问题及其相互关系的方法。逻辑树是将问题的所有子问题分层罗列，从最高层开始，并逐步向下扩展。把一个已知问题当成树干，然后开始考虑这个问题和哪些相关问题或者子任务有关。每想到一点，就给这个问题（也就是树干）加一个“树枝”，并标明这个“树枝”代表什么问题。一个大的“树枝”上还可以有小的“树枝”，如此类推，找出问题的所有相关联项目。逻辑树主要是帮助你厘清自己的思路，不进行重复和无关的思考。

图 4-2 逻辑树分析法

二、逻辑树分析法的使用时间

（1）在对问题进行描述以及调研后，对于用户真正的需求有了确切的目标。

（2）对于客户进行了观察、体验，然后需要对客户进行深层次探索之后。

（3）针对所发现的问题需要找到解决方案的时候。

案例：减肥的烦恼

有些女生总是天天喊着减肥，体重却丝毫没有减轻，我们就可以通过逻辑树分析法（图 4-3），深入分析原因。

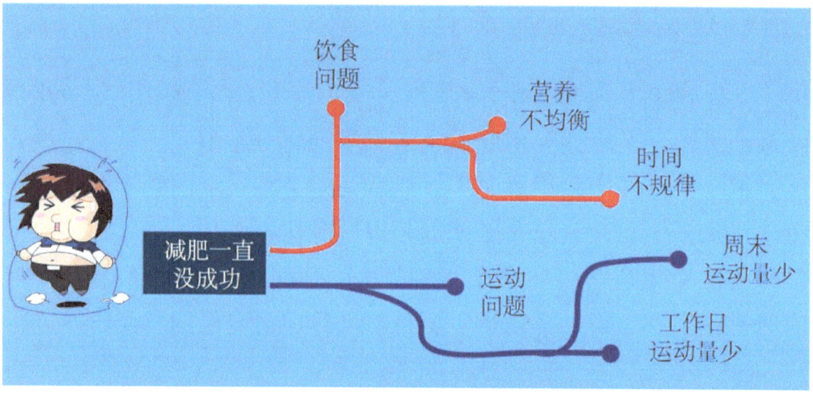

图 4-3 减肥失败的逻辑树分析

如图 4-3 所示，按照逻辑树的方法，深入研究减肥总是不成功的原因，就可以把握问题的整体情况，然后加以分解就可以看到影响减肥的原因不只有一个。

在增加运动量这个关键问题上，假设我们在考虑“是否需要报一个健身班”，为了验证这个问题，推导出以下验证要素：预算是否超支？是否有足够的时间？是否确定会坚持下去？

例如，如果你发现自己虽然预算充足，但经常需要加班，晚上根本没有足够的时间去健身房，那么你只能寻求另外一种适合目前状态的解决方式，可以是下班的时候走路回家、早上早起半个小时到楼下附近跑步等。

接着可以继续利用逻辑树，以关键问题为起点，推导出诸多要素，找出问题的最终解决方法（图 4-4）。

如果你发现自己饮食均衡，体重却一直居高不下，那很大可能是因为运动问题了。所以，减肥只是表面上的问题，增加运动量才是关键点。

由上可知，通过逻辑树的层层推演，可将问题抽丝剥茧，严密地探索问题背后的每一个原因，并有助于使用者以因果逻辑为线索，在深度与广度上寻找问题的成因。

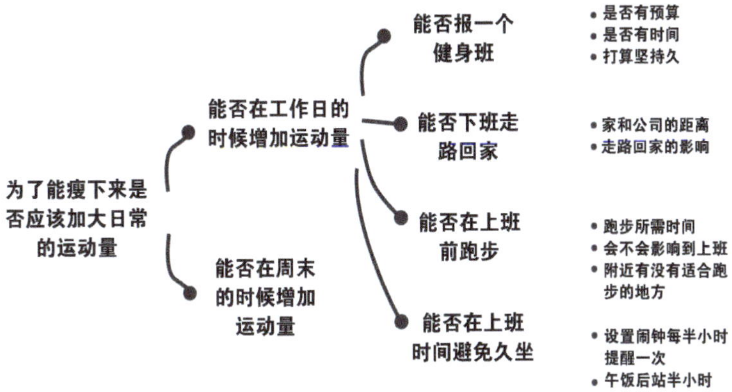

图 4-4　关键问题的逻辑树分析

三、课堂活动：地板滑该怎么办？

各小组以"洗手间地板滑"这个问题为例，用 25 分钟时间现场绘制逻辑树，然后进行小组汇报 PK，每组 2 分钟。

1. 参与人数

每个小组 5 ～ 6 人。

2. 道具

每个小组一张全开白纸、彩色画笔、便利贴。

3. 步骤

第一步：层层展开地想问题——"为什么"。

在运用逻辑树时，首先可由左至右画出树状图，最左边空格中的内容就是"思考的主题"；其次思考造成问题的原因，作出第一列原因的表格，当第一层原因浮现后，可针对个别原因再深入细究，依次是第二层原因、第三层……

第二步：集思广益想方案——"怎么做"。

在以逻辑树追究出问题的根本原因之后，接下来就以分析的结果作为依据，思考具体的解决方案。这个过程同样可借助逻辑树达成，做法上也与追究原因时类似。

首先将"思考的主题"或"有待解决的问题"放在逻辑树最左边，之后则是以问自己"应该怎么做来解决问题"的思路，一步步深入找出具体方法。使用解决对策的逻辑树时，要注意不要偏离目标，以及行动间要有具体的因果关系。在把解决对策"具体化"的过程中，必须反复追问"怎么办"，只要多个对策都能用逻辑树串联起来执行，问题就有可能迎刃而解。这和"追究原因的逻辑树"的不同之处在于，只追问原因可能会忽略掉有建设性的见解。

总 结

（1）用逻辑树分析法探究因果关系，归纳现象，找出“问题到底在哪里”。

（2）假设可能的解决方案，并根据需要验证的内容开展工作。

（3）分析资料、合理推论，找出问题根源（root cause）。

（4）打破框架，发散与收敛，破除思考的盲点。

（5）培养洞察力，抽象归纳、具体分析，看见别人看不见的答案等。

延伸思考

根据下图所示，请思考界定问题的步骤，并在3分钟内将答案写在下方。

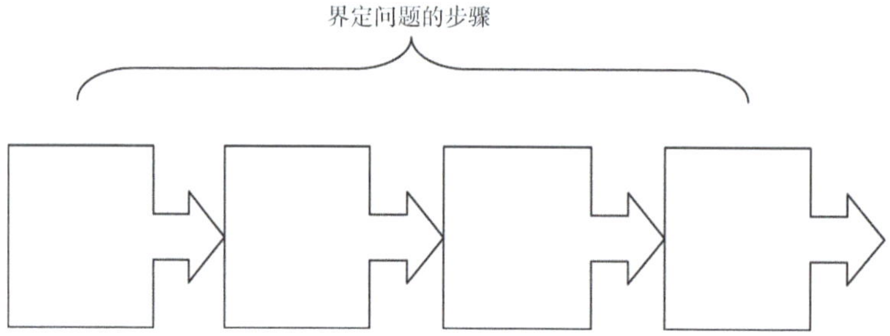

第五章　选择思维方式

单元一　发散思维

教学目标

了解发散思维的概念；掌握发散思维的八种方法，完成相关练习；掌握发散思维技能。

一、什么是发散思维

发散思维，又称辐射思维、放射思维、扩散思维或求异思维，是指大脑在思维时呈现的一种扩散状态的思维模式。思维主体针对某一思维对象，充分发挥自己的想象力，从一个目标或起点出发，突破原有的知识圈，重组眼前的信息和记忆系统中的信息，从不同的角度、方向和关系去思考问题，提出各种设想，寻找各种途径，多方面、多层次地寻求解决问题的答案和方法。发散思维表现为思维视野广阔，思维呈现出多维发散状，如“一题多解”“一事多写”“一物多用”等。

二、课堂活动：兔子为什么输给乌龟

听过龟兔赛跑的故事吗？兔子失败的原因是什么呢？

所有人都只看到起点和终点发生的事情，过程中具体是什么样的原因导致了兔子的失败，除了我们都知道的骄傲与偷懒之外，还有可能是什么呢？

（1）____

（2）____

（3）____

（4）____

（5）____

（6）____

网上看看：扫描二维码看看其他老师和同学的想法。

兔子为什么输给乌龟

三、发散思维的八种方法

以材料、功能、结构、形态、组合、方法、因果、关系八个方面为“发散点”，进行具有集中性的多端、灵活、新颖的发散训练，以培养创造性思维的能力。

（一）材料发散

以某个物品作为构成创意产品的“材料”，以其为发散点，设想它的多种用途。

练习：尽可能多地写出回形针的各种用途。

网上看看：扫描二维码看看其他老师和同学的想法。

材料发散

（二）功能发散

以某种事物的功能为发散点，设想出该功能其他使用的各种可能性。

练习：以杯子的功能为出发点设想“容纳”功能的各种可能性。

网上看看：扫描二维码看看其他老师和同学的想法。

功能发散

（三）结构发散

以某种事物的结构为发散点，设想出利用该结构的性能可达成解决问题的各种创意。

练习：尽可能多地画出包括“︵”结构的东西，并写出它们的名称。

网上看看：扫描二维码看看其他老师和同学的想法。

结构发散

（四）形态发散

以事物的形态（如形状、颜色、音响、味道、气味、明暗等）为发散点，设想出利用某种形态实现创意的各种可能性。

练习：尽可能多地设想利用红颜色可做什么，办什么事。

网上看看：扫描二维码看看其他老师和同学的想法。

形态发散

（五）组合发散

从某一事物出发尽可能多地设想与另一事物（或一些事情）结合成具有新价值（或附加值）的新事物的各种可能性。

练习：尽可能多地写出书包可同哪些东西组合在一起产生新的价值和事物。

______

______

______

网上看看：扫描二维码看看其他老师和同学的想法。

组合发散

（六）方法发散

以人们解决问题或制造物品的某种方法为发散点，设想利用该种方法解决问题的各种可能性。

练习：尽可能多地写出用“敲”的方法可以办成哪些事情或解决哪些问题。

______

______

______

网上看看：扫描二维码看看其他老师和同学的想法。

方法发散

（七）因果发散

以某个事物发展的结果为发散点，推测造成该结果的各种原因；或以某个事物发展的起因为发散点，推测可能发生的各种结果。

练习：尽可能多地写出造成玻璃杯破碎的各种可能的原因。

____

____

____

网上看看：扫描二维码看看其他老师和同学的想法。

因果发散

（八）关系发散

从某一事物出发，以此为发散点，说出尽可能多与之有关联的事物。

练习：尽可能多地写出学生可能与哪些人物有关系。

____

____

____

网上看看：扫描二维码看看其他老师和同学的想法。

关系发散

四、课堂活动：由圆到三角

画出圆形演变成三角形的过程，至少运用 4 种以上发散思维方法，必须经过至少 6 次发散，小组进行讨论并绘制。

范例如图 5-1：从圆形演变成正方形，运用结构发散、关系发散、功能发散、材料发散、因果发散、方法发散、形态发散 7 种方法，经过 9 次发散完成。

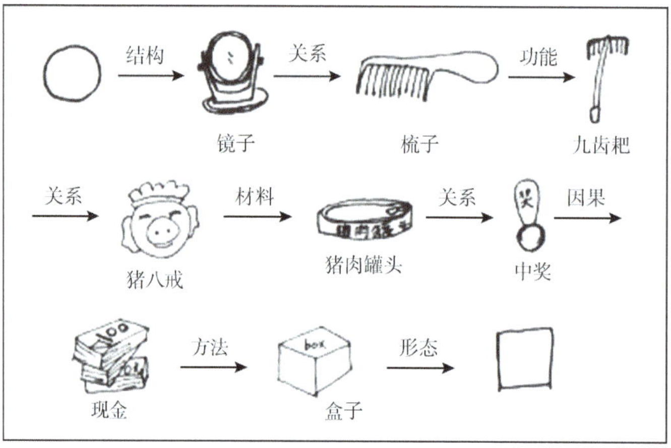

图 5-1　由圆形发散至正方形

总 结

一张图归纳发散思维。

延伸思考

结合第四章重新定义的问题和需求，运用本单元发散思维的技法解决问题、满足需求。

单元二 联想思维

教学目标

了解联想思维的概念；理解联想思维的方法；掌握联想法的以万物、细节为师的技能。

一、课堂活动：单词小测

	judge	village	ambulance
中文翻译	________	________	________

尝试用联想思维快速记忆单词：

联想思维：______________ ______________ ______________

网上看看：扫描二维码看看其他老师和同学的想法。

单词联想

二、什么是联想思维

联想思维是指人脑记忆表象系统中，某种诱因导致不同表象之间发生联系的一种没有固定思维方向的自由思维活动。主要思维形式包括幻想、空想、玄想。其中，幻想，尤其是科学幻想，在人们的创造活动中具有重要的作用。在创意过程中，联想思维是思路由此及彼的连接，即由所感知或所思考的事物、概念和想象的刺激而想到其他的事物、概念和现象的心理过程。

三、联想思维的方法

（一）以万物为师

1. 以动物为师

向动物学习，借鉴动物的各种特征如形态、生理、习性、行为等，解决相关问题。

案例：白蚁筑巢的启示

白蚁的巢穴就是昆虫界的建筑奇迹，不仅能预防外敌入侵，保护蚁群和蚁后的安全，而且能创造一个冬暖夏凉的舒适环境。蚁穴内部一般呈树状结构，错综复杂的通道，有宽有窄，窄道向上呈发散结构，向下合并成一个宽阔的孔道，并延伸至阴凉的地底深处，这种通天接地的结构，使得巢穴内外空气对流，达到温度均衡，堪称奇迹。

于是国外有人据此联想到一个点子：人类为什么不能仿照蚁穴建一栋房子呢？在津巴布韦的首都，就有这样一座房子，全名叫津巴布韦东门中心综合体。这是由一位英国建筑师在 20 世纪设计建造的，距今已经使用了 20 多年，从未配备过空调，真正地实现了自然冷却和保暖。其鲜活的生态仿生理念，是当代建筑界的里程碑之作。这栋房子总面积 3 万多平方米，是两栋平行的外廊式板楼，通过中庭连接在一起。一共有九层，外表看起来和普通大楼没什么区别，还有些复古陈旧。津巴布韦是非洲的一个内陆国，天气炎热，昼夜温差大，但进口空调价格昂贵，他们承担不起。于是，在严酷的气候条件、苛刻的经济条件下，建筑师把目光投向自然界，然后成功地从白蚁身上找到了灵感来源，并模仿白蚁筑穴的材料，造出一种生态混凝土。它有很好的蓄热能力，可以调节室内温度，当空气经过生态混凝土楼板时，二者发生热交换，空气会被制冷或加热后再进入房间，所以无论外部温度如何，楼里始终保持着 20 摄氏度左右的恒温状态。

练习：尽可能多地写出借鉴蜜蜂进行联想的创意。

____

____

____

2. 以植物为师

向植物学习，借鉴植物的各种特征如形状、用途、组织、结构、成分等，解决相关问题。

案例：由草籽创意出的尼龙子母扣

马斯托拉是瑞士人，有一次，他上山打猎回到家里，发现自己的裤子上粘了很多草籽。过去，他也多次碰到这种事情，总是一拍了之。然而，这次他却自言自语道：“这草籽为什么会粘到裤子上，而没有粘到鞋子上呢？”于是，马斯托拉在好奇心的驱使下，拿出放大镜仔细观察起来。原来，这种草籽长满了像钩一样的刺，而他所穿的裤子上又有绒毛的纺织环，“啊，原来如此！难怪它们难分难解呀。”

马斯托拉灵机一动：“能不能人工造出一边是钩形刺、一边是纺织环的东西呢？”他马上动手做了起来，果然，他成功了，两条带子粘在一起很牢固。不久，这种被称为“魔术带”的新鲜玩意儿很快被人们接受，慢慢地就演变成今天人们常见的尼龙子母扣。

练习：有哪些已有的产品和设计是以水果为师产生的创意？

____

____

____

3. 以人类为师

向人类学习，借鉴人类的各种特征如结构、形态、行为、习惯等，解决相关问题。

案例：北美鲜榨果汁市场排名第一的纯品康纳（Tropicana）

百事集团旗下有个项目叫纯品康纳，老板名叫史蒂夫·修斯，有一次他看到员工休息时，竟然在吃榨完果汁剩下的水果渣。他很奇怪，就上前询问，员工告诉他这个果渣好吃，比纯的果汁还有味道，而且非常有营养，扔掉太可惜了。这样的一次简单交谈，让史蒂夫·修斯突然想到，他一直在想办法让消费者相信我这个果汁是纯的，如果把果渣加进果汁里，那不就是最好的证据吗？喝到了水果粒，用户当然就相信这真的是新鲜水果榨成的了。所以纯品康纳就打出自己的品牌，它的特色就是果汁里边有果粒，不仅不浪费，还能节约成本，而且让用户喝起来感到愉快。

练习：以人为师设计一件产品，请说明模仿了人的哪一方面，具备什么功能，解决了什么问题。

____

____

____

（二）以细节为师

1. 以形状为师

由不同形状特点引发联想，解决问题，产生有价值的创意。生活中最常见的厕所标志，一般以文字或者男女简笔画的图表达，但是如何有创意地设计标志，让不识字或者看不见的人都能知道？可以运用形状联想，或者是平面设计，或者是立体设计，触摸感知，让人一目了然。

案例：男厕女厕标志设计（图 5-2）

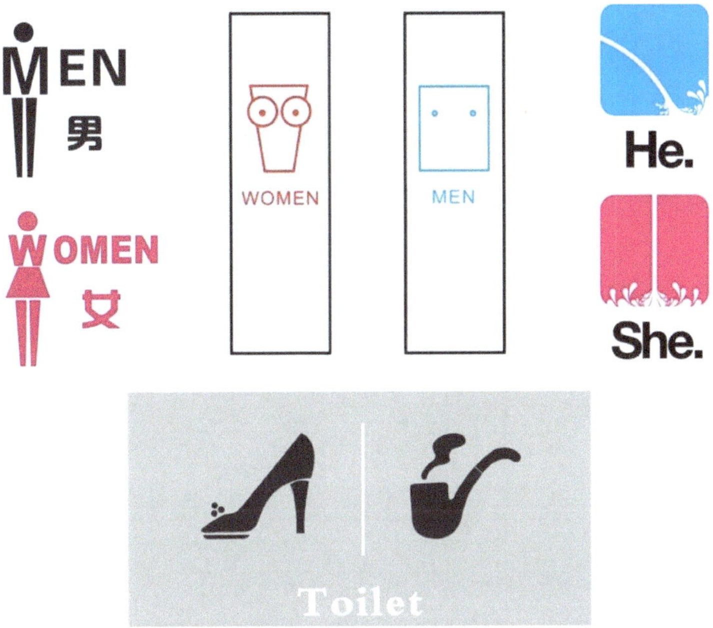

图 5-2 有创意的厕所标志

2. 以结构为师

不同结构的特点、功能、作用是不一样的，可以解决的问题也是不一样的。车轮是圆形，利用了圆周上各点到圆心距离相等以及滚动摩擦较小的性质，使得车子可以平稳、快速地前进；蒙古包为天穹式，呈圆形，圆的受力四周是一样的，大风雪中阻力小，再大的地震中也不会变形，顶上又不积雨雪，寒气不易侵入，是非常安全的住所；圆形从传热学角度来讲，更能节省能源，因为圆形是放热最少的形状，为什么保温杯通常都是圆形的就是这个道理；圆以它柔美、对称的线条，在平面、图形设计中被大量运用。

练习：以脸部某器官的结构为师，联想产生一项创意。请注意该器官结构的特点、功能与作用是什么？可以解决什么问题。

____

____

____

3. 以功能为师

案例：听诊器的发明

雷奈克医生很想发明一种能够诊断胸腔里健康状况的听诊设备。一天，他到公园散步，看见小孩玩跷跷板游戏，一个小孩用石块在跷跷板一头摩擦，另一个小孩用耳朵贴在跷跷板的另一头就能听到声音。雷奈克医生就联想到在听病人胸腔内的心脏跳动、肺呼吸的声音时，可用竹笛来当听诊器。后来，经过不断改进成为今天医生的听诊器。

四、课堂活动：联想思维训练

请结合所学的以万物为师，以细节为师，在三角形的基础上，结合动物、植物、人类、事物、形状、结构、功能等进行联想，然后将其画在下列的格子中：

1.	2.	3.
4.	5.	6.
7.	8.	9.

网上看看：扫描二维码看看其他老师和同学的想法。

图形联想

总　结

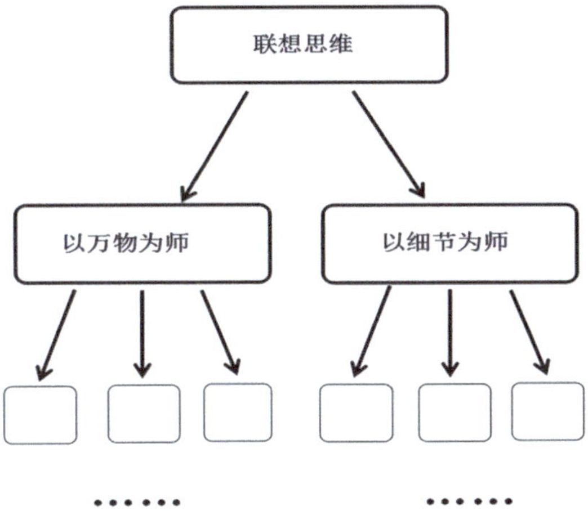

请在上方的格子中填入本单元知识点的关键词。

延伸思考

结合第四章重新定义的问题和需求，运用本单元联想思维的技法解决问题、满足需求。

单元三 类比思维

教学目标

了解类比思维的概念；理解类比思维的原理；掌握类比思维的类型，并熟练运用。

案例：聪明的猪

图 5-3 防毒面具

一般情况下，我们形容猪的词汇大体如下：笨、傻、呆、贪吃、懒、脏、可爱……其实猪也有聪明的时候。

在第一次世界大战中，德军于 1915 年 4 月的伊普雷战役（Second Battle of Ypres）上使用了氯气，造成英法联军 5000 多名士兵中毒死亡。战场周围的大量野生动物也因为中毒而死，唯独野猪安然无恙。

专家实地考察和研究发现，当野猪嗅到强烈刺激的气味后，就本能地用嘴拱地，把长鼻子埋入疏松的泥土下，泥土对毒气起到了过滤和吸附的作用。人们也由此受到启发，采用猪嘴的外形，并仿造疏松的泥土采用多孔的物质来吸收、吸附毒剂。这就是后来防毒面具像猪嘴猪鼻子的原因（图 5-3）。

一、什么是类比思维

类比法就是通过对两个对象之间某些相同或相似的方面进行比较分析，从而推出这两个对象其他方面的相同或相似的方法。

人们通过对各种不同事物进行类比，将会不断产生新颖的创造性设想，获取更多的创造成果。

案例：可口可乐瓶子的发明

制瓶工人罗特有一天看到他的女朋友穿着一条收腰裙子。罗特的双眼紧盯着这条裙子，越看越觉得线条优美。他想，要是制作一种像这条裙子形状的瓶子也许不错。于是他立即加以研究，经过半个多月的努力，一种新式的瓶子问世了（图 5-4）。瓶身不仅线条优美，而且握住瓶颈时，不易滑落；并且里面所装的液体看起来比实际分量多。

罗特把这项专利权以600万美元卖给可口可乐公司。

图 5-4　可口可乐瓶子的演变

二、类比思维的原理

类比法的思维过程是应用类比想象思维进行创造。利用未知事物各种因素与已知事物各种因素，通过异质同化和同质异化的两个基本创造过程，越过它们表面上的无关，把它们联系和组合起来，求得富有新意的创造性构思。

（一）异质同化

把陌生的事物看成熟悉的事物，用熟悉的观点和角度认识陌生事物，认为陌生的事物具有与熟悉事物同样的性质、功能、构造、用途等，从而把陌生事物熟悉化，把陌生问题转为熟悉问题，得到关于新事物的创造构思。

练习：鱼离不开水，活鱼的运输过程中，水占据了大量的空间和重量，如何才能不用水运输活鱼?

网上看看：扫描二维码，了解无水活鱼的运输。

无水活鱼运输视频

鱼儿离了水不能活，这是自然界的常识。一项创造性技术“突破”了这个常识，实现了活鱼的无水运输。近期出版的《纽约时报》杂志（*The New York Times Magazine*）报道了我国科学家在水产品无水保活运输技术领域所取得的突破性成果。

此项研究成果在国际上尚属首例。

在国家农产品现代物流工程技术中心，《科技日报》记者看到科研人员通过逐次降低水温直至接近冰点的方法，使鱼进入休眠状态，每次操作降低水温 0.5 摄氏度，整个过程在 24 小时内完成。鱼进入休眠之后，可以将其放入特制的透明塑料管中，随后便可运送到各地。只要把运输时间控制在 3 天之内，当人们将鱼从塑料管中取出后，就可以用一种简单的方式将鱼唤醒。醒来的鱼依旧鲜活如初，而休眠的过程相当于给鱼做了水疗。

这项技术已经在大菱鲆、半滑舌鳎、鲤鱼、鲫鱼等多种水产品中得到应用。其中，大菱鲆的无水运输时长可达 72 小时，唤醒后还可再成活 3 个月以上。据国家农产品现代物流工程技术中心技术人员介绍，无水运输可以降低物流成本，尤其对于空运来说，成本更低。例如空运三文鱼，大约需要 9 倍于鱼的水，水和鱼是一样的价格。陆路运输时，从烟台到济南大约 5 个小时路程，无水运输大菱鲆可降低约 30% 的成本。

（二）同质异化

用陌生的眼光看待熟悉的事物，利用与以往完全不同的观点和角度来观察已知的事物，找出已知事物的新性质、新用途、新功能、新结构、新结合等。

练习：给每一组同学数枚回形针，用陌生的眼光看待回形针，尝试找出回形针的新性质、新用途、新功能、新结构、新结合。

三、联想思维的类型

美国麻省理工学院的 W. J. 戈登把创造过程的类比分成四种类型：①直接类比；②拟人类比；③象征类比；④幻想类比。

1. 直接类比

直接类比是针对研究对象，从自然界或已有的成果中寻找与之相类似的事物、技巧、知识和原理等做比较，从中得到启发，进行联想提出解决问题的思想、方法、原理等，完成创造。知识、经验越丰富，创造水平越高；类比对象与研究对象的本质特征越接近，则成功率越大。

案例：水立方的设计

水立方设计者将水的概念深化，不仅突出水的装饰作用，而且参考其独特的微观结构。基于“泡沫”理论的设计灵感，他们为“方盒子”包裹上一层建筑外皮，上面布满了酷似水分子结构的几何形状，表面覆盖的 ETFE 膜又赋予了建筑冰晶状的外貌，使其具有独特的视觉效果和感受，轮廓和外观变得柔和，水的神韵在建筑中得到了体现。

如图 5-5 所示。

图 5-5 水立方外景

案例：电视发射塔

电视发射塔的设计，要求既有抗各向风力的性能，又能满足发射信号的需要。人们发现山上的云杉树由于长年累月受狂风的打击，底部直径显著增大，树形长成了圆锥状。通过类比分析，就出现了圆锥形的电视塔。如图 5-6 所示。

图 5-6 云杉和电视发射塔

2. 拟人类比

拟人类比也称感情移入或角色扮演。把创造发明的对象或者某个因素人格化，设想自己是该对象或因素时，在该种情况下会如何办。

如机械人的设计主要是模拟人的动作（图 5-7）。

图 5-7 足球运动员和踢足球的机器人

3. 象征类比

象征类比是借助具体的事物形象和象征符号来比喻某种抽象的概念或思想感情的类比。象征类比是直觉感知的，针对需要解决的问题，用某种概括、抽象的形象、符号或句子来表达和反映问题的本质，使问题关键显现并简化；寻找具有与象征形象或符号相类似的事物作为类比物，进行类比联想，提出解决问题的方案。如类似鸟巢的床（图 5-8）。

图 5-8 类似鸟巢的床

4. 幻想类比

幻想类比就是将幻想中的事物与要解决的问题进行类比，由此产生新的思考问题的角度。借用科学幻想、神话传说中的大胆想象来启发思维，在许多时候是相当有效的。例如，电影中无人驾驶技术、全息投影技术的实现等，又如，借由金箍棒设计出可伸缩的登山拐棍（图 5-9）。

图 5-9 金箍棒和登山拐棍

四、课堂活动：类比思维训练

运用四种类比思维，小组讨论围绕灯进行创意，产生新的创意项目，可以是产品，可以是服务，并制作海报对创意进行呈现与展示。

总　结

下方的结构图为本单元的知识结构，在下图的四个格子中填入对应知识关键词。

延伸思考

结合第四章重新定义的问题和需求，运用本单元类比思维的技法解决问题、满足需求。

单元四 组合思维

教学目标

了解组合思维的概念；理解组合思维的两个方向；掌握组合思维的类型，并熟练运用。

一、什么是组合思维

组合思维又称“连接思维”或“合向思维”，是指把多项貌似不相关的事物通过想象加以连接，从而使之变成彼此不可分割的新的整体的一种思考方式。

创意创新方法中的组合思维是指按照一定的技术原理，通过将两个或多个功能元素合并，从而形成一种具有新功能的新产品、新工艺、新材料的创新方法。

二、组合思维的两个方向

组合思维的思路可以朝着两个方向思考：一是把几件不同的人、事、物组合在一起（几合一），二是把一个整体拆分成多个个体（一分多）。

（一）几合一

案例：

1. 衣架＋电吹风＝？
2. 老人＋年轻人＝？

网上看看：扫描二维码看看其他老师和同学的想法。

组合思维案例

几合一有以下技巧。

（1）差别越大的东西，组合起来的时候越有创意。

（2）要带来便利性，具有一定的价值。

（二）一分多

案例：

1. 索尼放录机的取舍

20 世纪 90 年代，录影机和放影机是合在一起的，叫录放影机。对消费者来说，录影机这个功能是多余的，一般用不到。但是，每一个制造录放影机的公司都不舍得拆出来，因为两个功能比一个获利空间大。后来索尼公司认为，这样对消费者并不好。于是，就把录影这个功能拿掉，单卖放影机。这样一来，索尼公司的放影机就大卖了。

2. 生产流水线的产生

1769 年，英国人乔赛亚·韦奇伍德开办埃特鲁利亚陶瓷工厂，在场内实行精细的劳动分工，他把原来由一个人从头到尾完成的制陶流程分成几十道专门工序，分别由专人完成。这样一来，原来意义上的“制陶工”就不复存在了，存在的只是挖泥工、运泥工、制坯工等，制陶工匠变成制陶工场的工人，他们必须按固定的工作节奏劳动，服从统一的劳动管理。流水线是一种工业上的生产方式，指每一个生产单位只专注处理某一个片段的工作，以提高工作效率及产量。

一分多有以下技巧。

（1）把多余的东西拆开。

（2）要考虑人的能量、极限。

（3）刻意进行拆分。

三、组合思维的类型

（一）材料组合

不同的原材料组合在一起或拆分，解决某些实际的问题，满足客户的需求。

案例：木头＋陶瓷（图 5-10）

图 5-10　木头与陶瓷

（二）功能组合

有些商品的功能已被用户普遍接受，通过组合可以为其增加一些新的附加功能，或者把复杂功能的事物拆分，适应更多用户的具体需求。

案例：马桶 + 洗手池（图 5-11）

图 5-11 洗手池与马桶

（三）意义组合

通过组合赋予新物品以新的意义，其目的并不在于改变其功能，而是产生新价值。

案例：故宫文化 + 创意产品（图 5-12）

图 5-12 故宫胶带

（四）成分组合

将构成物体的不同的个体物质进行组合，产生具有实际价值和意义的新事物。

随着技术的发展，大量出现给予成员组合的创新产品，比如含有中药成分的护肤品，不同化学成分组成的新型材料等。

（五）构造组合

构造组合法是合理地选择被组合的构造元素，为了解决这个问题提出的信息，它将有待组合的信息元素制成表格，表格的交叉点即为可供选择的组合方案。

案例（图 5-13）

图 5-13　创意的多子女出行推车

（六）聚焦组合

聚焦组合是指以待解决的特定问题为中心，广泛地寻求与解决问题有关的各种已知的技术手段，最终形成一种或多种解决这一问题的综合方案。

案例：

1969 年 7 月 16 日，美国的阿波罗 11 号宇宙飞船点火升空，经过 77 小时的飞行到达月球附近，开始绕月球飞行。同年 7 月 21 日格林尼治时间 2 时 56 分，飞船指挥长尼尔•阿姆斯特朗第一个离开登月舱踏上月球。他所说的“这一步，对于一个人来说，是很小一步，但对整个人类来说，是一个巨大的飞跃”，已成为宇航史的名言。为了实现阿波罗登月计划，所用的飞船的全部构件有 300 多万个，调动了 2 万家企业、120 所大学实验室的 42 万多名研究人员，经历了 11 年的工作，才把 3 名宇航员送到月球并返回地球。其关键是什么呢？阿波罗登月总指挥韦伯说：“阿波罗飞船计划中，没有一项是突破性新技术，关键在于综合。”这里的“综合”，实际上就是高水平的多元组合，即聚焦组合。

四、课堂活动：组合思维训练

尝试运用组合思维，将下列每题中的两个事物进行组合，创意出新的构思。

（1）泥土 + 玻璃 = ______________________________

____

____

（2）收纳 + 记录 = ______________________________

____

____

（3）笔记本 + 卫生棉 = ______________________________

____

____

总　结

根据本单元知识点，在下图 6 个方格中填入关键词。

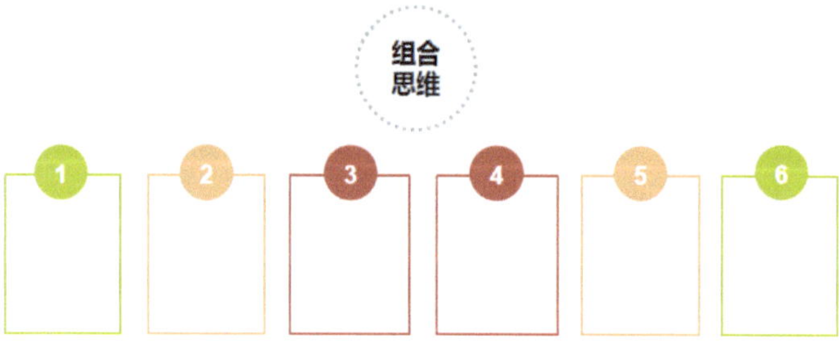

延伸思考

结合第四章重新定义的问题和需求，运用本单元组合思维的技法解决问题、满足需求。

单元五　逆向思维

教学目标

了解逆向思维的概念；理解逆向思维的方法；掌握逆向思维的反转型、转换型、缺点逆用的技巧。

一、课堂活动：你的答案是什么

（1）艾菘莉移民到了美国，因要打官司，就对其律师说："我们是不是找个时间约法官出来坐一坐或者给他送点礼。"律师一听，大骇，说："千万不可！如果你向法官送礼，你的官司必败无疑。"艾菘莉说："怎么可能？"律师说："你给法官送礼不正说明你理亏吗？"

几天后，律师给艾菘莉打电话："我们的官司赢了。"艾菘莉淡淡地说："我早就知道了。"律师奇怪地问："怎么可能呢？"艾菘莉说："我给法官送了礼。"那位律师差点跳了起来，惊呼："不可能吧!？请问这是为什么？"

因为____

（2）一个人正在草原上旅游，天下起了大雨，他没有带雨具，也没有任何东西可以遮雨，草原上更无地方躲雨，但他居然没有把头发弄湿，这是为什么？

因为____

（3）某医生告诉一濒危病人：你已经不行了，你想见见谁？

病人说：____

网上看看：扫描二维码看看其他老师和同学的想法。

逆向思维

二、什么是逆向思维

逆向思维，是指人们为达到一定目标，从相反的角度来思考问题，从中引导启发思维的方法。

人们习惯于沿着事物发展的正方向去思考问题并寻求解决办法。其实，对于某些问题，尤其是一些特殊问题，从结论往回推，倒过来思考已知条件，或许会使问题简单化。

三、逆向思维的类型

（一）反转型逆向思维

反转型逆向思维指从已知事物的原理、功能、属性和方向的相反方向进行思考的方法。

我们每天都有可能会面对许多不同的问题亟待解决，但你并不一定有时间事事追根溯源，找出问题发生的原因。此时最简单的直觉思考，就是把“不行”变成“可行”，这种完全从对立的角度去思考的方法，就是反转型逆向思考。譬如说人类通常无法在水下停留超过 5 分钟，那是否可发明一种装备让人类可以长时间停留在水下工作或游憩？这就是反转型的逆向思考。这种思考方法创造了潜水艇、潜水服、高压气瓶等潜水设备，甚至太空舱、太空衣等创新产品，也是在同一种思考方法之下被陆续发明出来的。

1. 原理逆向

案例：吹风机与吸尘器

将空气流动的方向逆向，产生的创意便不同，如图 5-14 所示。

图 5-14 电吹机与吸尘器

2. 功能逆向

案例：便利贴

1968 年，美国 3M 公司的科学家斯彭切尔·西尔弗博士发明了一种胶水，却不是很成功。这种胶水看上去很黏，可就是粘不牢东西，即使晾了很长时间，粘上的东西还会掉下来，所有人都认为斯彭切尔彻底失败了。斯彭切尔的发明从此搁置下来，没人再提及。几年后的一天，他的同事亚特·弗雷在教堂的唱诗班里演唱时，他的书签老是从曲谱中往下掉，害得他找不到歌词，唱着唱着就跟不上大家。弗雷很是烦恼，他需要一种有黏性，但是不会永久粘住的东西。这时，他想起了斯彭切尔博士那次不成功的发明，他向斯彭切尔博士要了一点样品，做了一个黏性书签，解决了他的烦恼。后来，弗雷在写报告时想到一个问题，便撕下一页黏性书签写上，并贴在报告的封面上，他的上司在书签上写下了答复，又贴在报告上返还给他。由此，弗雷发现这种“书签”是一种新的沟通和组织方式。3M 公司为弗雷的新书签制作了 Post-it Note，并于 20 世纪 70 年代末开始生产。

3. 属性逆向

案例：可折叠水瓶

容器材质硬、稳定有型 / 软、可蜷曲折叠（图 5-15）。

图 5-15　便携式可折叠水瓶

4. 方向逆向

案例：反向伞（图 5-16）

反向伞利用反方向收伞的设计，减少收伞时所需空间，同时确保伞上雨水不会溅到身上。

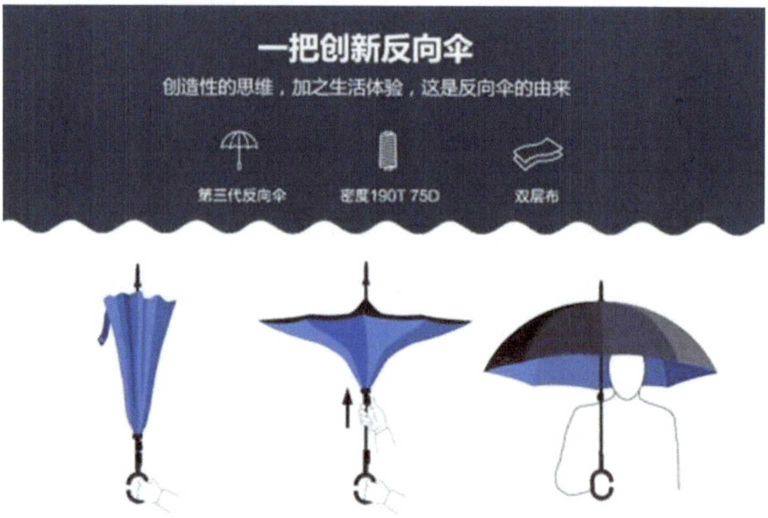

图 5-16 反向伞

（二）转换型逆向思维

转换型逆向思维指在遇到某一问题时，由于解决问题的手段受阻，而转换成另一种手段，或转换角度进行思考，以顺利解决问题的思维方法。

案例：医疗上的转换型逆向

医生在进行器官移植手术时，最大的困扰就是其他人所捐赠的器官会产生剧烈的组织对抗反应（排斥反应），极易造成手术失败；即便手术成功，受赠者也必须一生服用抑制组织对抗药物，既伤财，又伤身。因此医学界第一个反转型逆向思考反应，就是尝试找出能够完全克制捐赠器官组织对抗反应的方法，但是这种方法截至目前从未成功过，于是部分研究人员就利用转换型逆向思维方式发明了人体干细胞的保存及培育技术。研究人员发现患者体内若移植其他人的器官，因为生理因素必然会产生组织对抗反应，唯有利用患者自己的器官进行移植，方可解决这个棘手的问题。但是这种推论其实是一个悖论：患者的器官出了问题才需要移植手术，那怎么可能找到患者自己的健康器官来进行移植呢？于是他们转换思考，终于发现存在新生儿脐带血当中的干细胞，可以培养出人类自己不同器官的组织细胞。因此如果能够保存婴儿的脐带血，在他（她）成年之后，一旦发生器官病变，就可以利用原先所保存的干细胞培育出健康的细胞组织供移植使用，这就是善用转换型逆向思考成功的例子，也成就了一项创新事业——脐带血银行。

案例：司马光砸缸

常规救人，让人离开水。

司马光救人，让水离开人。

案例：户外电梯

柯特大饭店是美国加州圣地亚哥市的一家老牌饭店，两位专家坐在酒店前厅面谈安装电梯的工程计划。他们的谈话被一位正在扫地的清洁女工听到了。

清洁工对他们说："每层楼打个大洞，不仅会把大楼弄得尘土飞扬、乱七八糟，而且会破坏楼面。"工程师白了清洁工一眼，说："那是难免的。"清洁工又说："与其这样，不如把电梯装在大楼的外面。"工程师和建筑师听了这话，相视片刻，不约而同地为清洁工的这一想法叫绝。于是，便有了近代建筑史上的伟大变革——把电梯装在楼外（室外电梯）。

练习：平日里雨伞是如何让我们不被淋湿的，主要靠什么？如果它没有了，那怎样才能让这把雨伞还能具备遮雨的功能？

网上看看：扫描二维码看看其他老师和同学的想法。

无伞盖伞

（三）缺点逆用逆向思维

缺点逆用逆向思维是利用事物的缺点，将缺点变为可利用的东西，化被动为主动、化弊为利的创新思维方法。

逆向思考是一种对立性思考方法，具有批判性与思辨性，其目的就是将现存的问题或缺点转换成为成功的基础，所以缺点型逆用逆向思维就是如何化腐朽为神奇，将原有事物的缺点透过逆向思考转换成为产品的优点。

案例：吸墨水纸

有家造纸厂因加错了料而出了“废品”——纸质强度很差。这种纸虽然强度很差，且既松又干燥，然而吸水性能却很好，于是人们就利用这种“废品”的缺点开发出一个新品种——吸墨水纸。“废品”转化成“有用品”，纸的劣势变成优势，这就是巧用缺点逆向思维。

案例：大象噗噗纸园

泰国湄林，“大象噗噗纸园”是一家旨在宣传生态和谐而建的大象便便造纸公园，游客可以利用大象或者其他动物的粪便制作纸张。

大象是素食动物，食物以高纤维植物为主。它们的粪便里有许多未被消化彻底的草茎、纤维。晒干的大象粪便经过清洗、晾干，变成造纸的基本原料，可以根据需要染成各种颜色。接下来用机器和水搅拌成纸浆，再用丝网过滤、晾晒，之后轻轻揭下来，就成了一张粗糙但是韧性很好的纸。若想让纸张变得平滑，则要使用另一种机器进行细加工。这种纸可以用来做各种东西：贺卡、笔记本、相册、台历、铅笔盒，甚至纸雕作品。

四、课堂活动：逆向思维训练——开一家餐馆

假定你想开一家新的餐馆，一般的餐馆是：有菜单，或是书面的，或是口头的；餐馆对提供的食物收费；餐馆提供食物；有服务员；场地；厨具……请在纸张上列出你认为餐馆经营必须具备的，限 10 项。

（1）请各团队顺时针传递清单，并在清单中删除你认为最必要的一项，并交还。

（2）请各团队逆时针传递清单，并在清单中删除你认为最必要的一项，并交还。

（3）请各团队以清单上现有的项目创意一家餐厅，被他组删除的不能出现和使用。

总　结

根据本单元的知识点，在下图中的横线处填上关键词。

逆向思维

01 反转型

指从已知事物的____、____、___和_____的相反方向进行思考的方法。

02 转换型

指在遇到某一问题时，由于解决问题的手段受阻，而_____，或______进行思考，以顺利解决问题的思维方法。

03 缺点逆用

是利用______，将缺点变为可利用的东西，化被动为主动、化弊为利的创新思维方法。

延伸思考

结合第四章重新定义的问题和需求，运用本单元逆向思维的技法解决问题、满足需求。

单元六 奥斯本检核表法

教学目标

了解奥斯本检核表法的概念；理解奥斯本检核表法的步骤；掌握奥斯本检核表法的具体内容。

一、什么是奥斯本检核表法

奥斯本检核表法是美国 A. F. 奥斯本博士提出的一种创新思维方法，有“创新技法之母”的美誉，它罗列产品设计中的诸多相关问题，进而对这些问题进行回答和分析而获得创意，共分为 9 大类、75 个问题。

网上看看：扫描二维码，了解关于奥斯本的故事。

奥斯本的故事

二、奥斯本检核表法的步骤

本单元先确认以 U 盘作为创新的对象，并通过列举法，将 U 盘的缺点和希望点进行列举，根据下一个部分——奥斯本检核表法具体内容中的每一步逐一分析，提出对应的构思，记录并构思革新方案，最终整合、评价、筛选出 U 盘的创新方案。如图 5-18 所示。

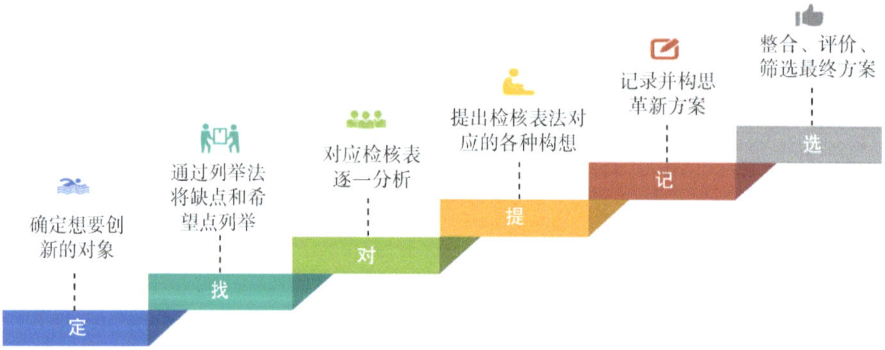

图 5-18 奥斯本检核表法的步骤

三、奥斯本检核表法的具体内容

奥斯本检核表如表 5-1 所示。

表 5-1 奥斯本检核表

用途	有无新的用途？是否有新的使用方式？可否改变现有使用方式？
类比	有无类似的东西？过去有无类似问题？利用类比能否产生新观念？可否模仿？能否超过？
增加	可否增加些什么？可否附加些什么？可否增加使用时间？可否增加频率？可否增加尺寸？可否增加强度？可否提高性能？可否增加新成分？可否加倍？可否扩大若干倍？可否放大？可否夸大？
减少	可否减少些什么？可否小型化？可否密集、压缩、浓缩？可否缩短、去掉、分割、减轻？
改变	可否改变功能、颜色、形状、运动、气味、声响、外形？是否还有其他改变的可能？
代替	可否代替？用什么代替？还有什么别的排列、别的材料、别的成分、别的过程、别的能源？
交换	可否变换？可否交换模式？可否变换布置顺序、操作工序、因果关系？
颠倒	可否颠倒？可否颠倒正负、正反？可否颠倒位置、头尾颠倒、上下颠倒？可否颠倒作用？
组合	可否重新组合？可否尝试混合、合成、配合、协调、配套？可否把物体组合、目的组合、物性组合、观念组合？

（一）用途

有无新的用途？是否有新的使用方法？可否改变现有的使用方法？

发现的问题：

经常找不到自己的 U 盘，当很着急要拷贝资料，却找不着自己的 U 盘的时候，那叫一个郁闷和着急。

产生的创意：

要是我的鼠标也能当 U 盘用就好了，鼠标我肯定不会丢，总是接在电脑上——鼠标 U 盘（图 5-19）。

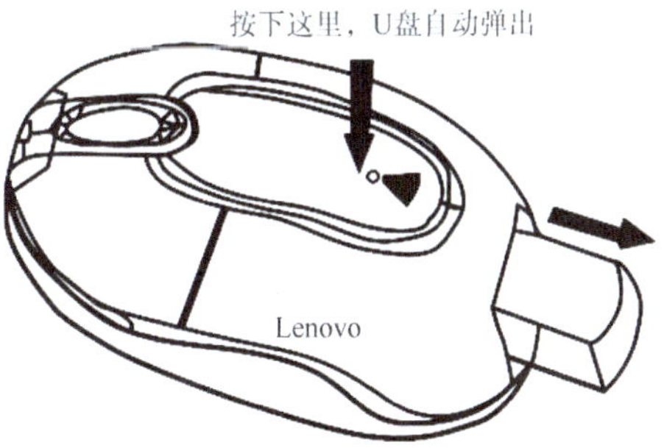

图 5-19 带 U 盘的无线鼠标

（二）类比

有无类似的东西？过去有无类似的问题？利用类比能否产生新观念？ 可否模仿？

能否超过？

发现的问题：

现在流行系列产品，电视剧人物系列、网游动漫周边系列等玩偶，往往销售火爆。

产生的创意：

推出主题U盘，每个U盘后面可加上特色符号或者造型，然后组成纪念版。

（三）增加

可否增加些什么？可否附加些什么？可否增加使用时间？可否增加频率？可否增加尺寸？可否增加强度？可否提高性能？可否增加新成分？可否加倍？可否扩大若干倍？可否放大？可否夸大？

发现的问题：

U盘中大文件的传输速度慢。

产生的创意：

升级U盘，加快传输速度。

（四）减少

可否减少些什么？可否密集？可否压缩？可否浓缩？可否聚合？可否微型化？可否缩短？可否变窄？可否去掉？可否分割？可否减轻？可否变成流线型？

发现的问题：

有些U盘比较厚、方正，不好放口袋。

产生的创意：

制作超薄U盘，体积更小，携带更为方便。

（五）改变

可否改变功能？可否改变颜色？可否改变形状？可否改变运动？可否改变气味？可否改变声响？可否改变外形？是否还有其他改变的可能性？

发现的问题：

U盘的同质化现象严重，每个品牌的U盘都长得差不多。

产生的创意：

把U盘的外形做得个性化，与我们生活中的元素结合起来，根据个人特征DIY或定制。

（六）代替

可否代替？用什么代替？还有什么别的排列？还有什么别的成分？还有什么别的材

料？还有什么别的过程？还有什么别的能源？还有什么别的颜色？还有什么别的音响？还有什么别的照明？

发现的问题：

U 盘通常采用塑料或金属材料，造型变化不多，较死板。

产生的创意：

制作软硅胶可变外壳，可以搭配几个软硅胶材质的外壳，外壳形象可选择一些卡通形象或者一些可爱的动物。另外，U 盘使用久了容易脏，采用软硅胶材质易于清洗。

（七）交换

可否变换？有无可互换的成分？可否变换模式？可否变换布置顺序？可否变换操作工序？可否变换因果关系？可否变换速度或频率？可否变换工作规范？

发现的问题：

文件很大，U 盘容量不够了。

产生的创意：

可拼接的 U 盘，用户可以单独使用，也可以把很多 U 盘连在一起使用，按你的需要来增加存储容量。

（八）颠倒

可否颠倒？可否颠倒正负？可否颠倒正反？可否头尾颠倒？可否上下颠倒？可否颠倒位置？可否颠倒作用？

发现的问题：

经常用完 U 盘后，盖子找不到。

产生的创意：

苍耳子 U 盘，从苍耳身上找到灵感。这下终于不用到处找 U 盘盖子了，盖子自己黏上来。

（九）组合

可否重新组合？可否尝试混合？可否尝试合成？可否尝试配合？可否尝试协调？可否尝试配套？可否把物体组合？可否把目的组合？可否把特性组合？可否把观念组合？

发现的问题：

U 盘的功用单一，能跟别的产品组合在一起，一物多用吗?

产生的创意：

将 U 盘和 USB 接口组合，将 U 盘和笔组合。

四、奥斯本检核表法的注意事项

（1）要一条一条地进行核检，不要遗漏。

（2）多核检几遍，效果会更好，或许会更准确地选择出所需创造、发明的方面。

（3）在检核每项内容时，要尽可能地发挥自己的想象力和创造能力，产生更多的创造性设想。

核检方式可根据需要，1 人核检也可以，3 ～ 8 人共同核检也可以。集体核检可以互相激励，产生头脑风暴，更有希望产生创意。

五、课堂活动：奥斯本检核表法训练

以书本为创意对象，在每一栏后面写出相应的创意构思。

用途	
类比	
增加	
减少	
改变	
代替	
交换	
颠倒	
组合	

总 结

尝试填写出以下内容，填空的同时完成复习与总结。

奥斯本检核表法的九项：__________、__________、__________、__________、__________、__________、__________、__________、__________。

延伸思考

结合第四章重新定义的问题和需求，运用本单元奥斯本检核表法的技法解决问题、满足需求。

第六章　创　　新

单元一　从创意到创新

教学目标

建立对创新的认识；掌握对创意进行筛选的方法；能够运用收敛思维使创意变成更具体的方案。

一、创新是什么

创新是将创意付诸行动所获得的成果，它既是创意进行到底的结果，也是创意的目标，它赋予创意最终的意义。从创意的想法到最终的成果，创新使创意更为具体、完善、完整。在这个过程中，我们需要对创意进行筛选、优化、着手实现，最终达成创新。

请带着尽可能多的创意想法来进入本章。有较多的创意想法才能说明进行了较有广度的创意思考。如果你的创意之旅已到达此处，但却只有一两个创意，建议先往回走，回到第五章去获得更多的创意想法。如果连一个创意都还没有，就再往回多走一点，回到第四章重新定义问题，甚至回到第三章发现问题。

二、课堂活动：对创意分类

从多个创意想法中找到 n 个最有价值的想法，这需要把所有的创意想法进行分类，找到每个类的特征，从而发现有用的、重要的、可行的创意想法，再加以完善，从而获得实用的、创新的解决方案。我们将创意的想法分为梦想、批评和现实三大类，为下一步的创新行动计划做好准备。

梦想家的想法，可能非常狂野，不一定马上可以实现，但是随着科技的发展，可能迟早会实现。正所谓“不怕做不到，就怕想不到”，凡是想到的就可能有机会去实现，但如果没有想到，根本就不会有可能去实现。这样的想法，可能需要较长的一段时间做项目研发和技术发明等，可能成本高，相对风险也最大，但是创新性也非常高。

批评家的想法，怀疑现状，批评守旧，可能会得到一些既不太狂野也不完全现实的想法。这些想法可能需要通过一些努力才能实现。

现实家的想法，是朴实的想法，只要现在去做，就可能实现。

准备工作：大张海报纸，便笺

第一步：在大海报纸中绘制以下表格。

想法	阻力	努力	困难度	分类

第二步：将每个想法写在便笺上，然后贴在“想法”列之下，每个单元格贴一个想法。

第三步：将每个想法所需克服的阻力（如某种瓶颈）写在便笺上，然后贴在对应想法的“阻力”的格子中。格子中可以贴上多个“阻力”的便笺。

第四步：将每个想法的阻力予以解决所需付出的努力（如某种技术或工作）写在便笺上，然后贴在对应想法的“努力”的格子中。格子中可以贴上多个“努力”的便笺。

第五步：根据每个想法所要做的所有努力，来判断每个想法的难易程度，按十分制打分，难度越大分值越大。填在“困难度”的格子中。

第六步：在分类的格子中，写下对想法的分类。“梦想家的想法”得分较高。“批评家的想法”得分适中。“现实家的想法”得分较低。

三、课堂活动：用创意坐标法筛选创意

创意坐标法是一个帮助团队将多个创意想法排出优先级的工具，它在一些限制条件下帮助团队的讨论过程聚焦。

准备工作：大张海报纸，便笺

第一步：在大海报纸中绘制一个坐标轴，分别选取相关讨论主题的不同价值作为坐标的两个变量，标在横轴的下方和纵轴的左侧。例如，创新性从低到高，可行性从难到易。如图 6-1 所示，右上角的象限代表创新性高又容易实现的想法。

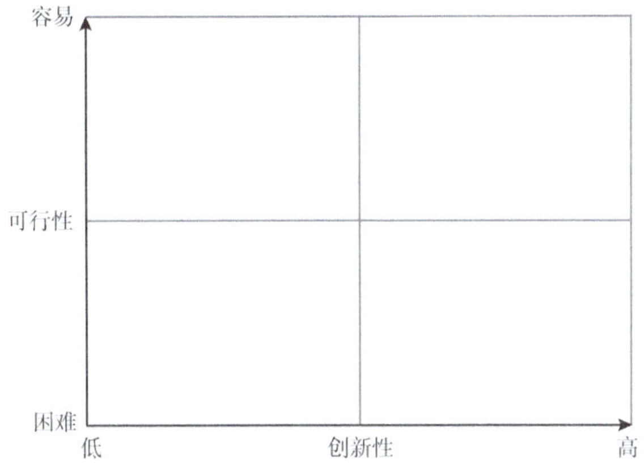

图 6-1 创意坐标法示意图

第二步：将每个想法写在便笺上，按照每个想法所对应的两个坐标轴的变量数值，将便笺贴在合适的位置上。

这样的方法可以帮助我们快速地对不同的创意想法进行比较，并选出最有价值的创意想法，然后予以完善并实现。

四、收敛思维

收敛思维是指在解决问题的过程中，尽可能利用已有的知识和经验，把众多的信息和解题的可能性逐步引导到条理化的逻辑序列中去，最终得出一个合乎逻辑规范的结论。

收敛思维也是创新思维的一种形式，与发散思维不同，发散思维是为了解决某个问题，从这一问题出发，想的办法、途径越多越好，总是追求还有没有更多的办法。而收敛思维也是为了解决某一问题，在众多的现象、线索、信息中，向着问题的一个方向思考，根据已有的经验、知识或发散思维中针对问题的最好办法去得出最好的结论和最好的解决办法。

案例：林肯的逻辑

美国第十六位总统亚伯拉罕·林肯是美国历史上唯一出身于贫民的总统。他在当选总统之前当过律师。他富于同情心，敢于主持正义，在诉讼活动中以说理充分、例证丰富、逻辑性强而素负盛名。

有一次，一个叫阿姆斯特朗的青年被人诬告为图财害命。小伙子有口难辩，被判定有罪。阿姆斯特朗的父亲生前是林肯的好朋友，可以说林肯是看着阿姆斯特朗长大的，他熟悉这位老朋友的儿子的为人，向来忠厚老实，不可能干出这种伤天害理的事来。他主动要求担任阿姆斯特朗的辩护律师，认真查阅案卷，到现场调查，很快掌握了全部事实。他断定阿姆斯特朗是受人诬陷而蒙冤受屈的。他要求法庭重新审理这个案子。法庭碍于林肯的名望，同意重新开庭审理。林肯研究了全部案卷之后，已经胸有成竹：

这个案子的关键就在证人福尔逊身上。因为他一口咬定，在 10 月 18 日的夜半月光下，他在一个草垛后面清楚地看见阿姆斯特朗开枪把人打死了。这个鬼迷心窍的证人肯定是被诬告人收买了。林肯决定从福尔逊身上打开缺口。

“福尔逊先生，”法庭上，林肯直接质问这位证人，“你敢当众发誓，说在 10 月 18 日的月光下看清的是阿姆斯特朗，而不是别人？”

“是的，我敢发誓！”福尔逊说。

“你站在什么地方？”林肯问。

“草垛后面。”

“阿姆斯特朗在什么地方？”

“大树下。”

“是草垛西边的那棵大树？”

“是的。”

“你们两处相隔二三十米，你能认清吗？”

“看得很清楚，因为月光很亮，正照在他脸上，我看清了他的脸。”福尔逊说。

“你能肯定是 11 点吗？”

“完全可以肯定。因为我回到屋里时，看过时钟，是 11 点一刻。”福尔逊说得毫不含糊。

林肯正气凛然的目光突然离开福尔逊，把脸转向大众，庄严宣布：“证人福尔逊是一个彻头彻尾的骗子！”

这个意外的结论，顿时把法庭上的人都闹愣了，主审法官也感到十分突兀。有人高声提出质问：“律师说话要摆事实、讲道理，你根据什么事实得出这样的结论？”

林肯回答道：“证人发誓赌咒，说他 10 月 18 日晚上在月光下看清了阿姆斯特朗的脸。可是，10 月 18 日那天应是上弦月，11 点时月亮已经落下去了，哪里还有什么月光？再退一百步讲，就算月亮还没有落下去，还在西天上，月光也应该从西往东照。而遮挡着福尔逊的草垛在东边，阿姆斯特朗站在西边的大树下，如果阿姆斯特朗的脸面向东边的草垛，也就是背对月亮，脸上就不可能照到月光；如果他不是面向草垛，证人又怎么能从二三十米远的地方看清被告人的脸呢？福尔逊不顾事实，说什么‘月光很亮，正照在他脸上’，还不是一派谎言！”

林肯通过一系列的逻辑得出证人在说谎的结论。这就是聚焦在一个问题上，通过逻辑来进行思考的收敛思维。

五、课堂活动：考考你的逻辑

老师拿来五顶帽子，两顶红的，三顶白的。他让三个聪明的同学甲、乙、丙，按甲、乙、丙的顺序排成一路纵队，并闭上眼睛，然后分别给他们戴上一顶帽子，同时把余下的帽子藏起来。当他们睁开眼后，每人只能看到站在自己前面的人的帽子。

老师问丙：“你知道自己的帽子是什么颜色吗？”丙说：“不知道。”

老师问乙：“你知道自己的帽子是什么颜色吗？”乙说：“我也不知道。”

老师问甲：“你知道自己的帽子是什么颜色吗？”甲说：“我知道。”

请问甲的帽子是什么颜色的？他是怎么判断出来的？

以团队讨论的形式，讨论这个问题的答案。并将其中的逻辑写在下面的格子中。

网上看看：讨论结束得到你的答案后，扫描以下二维码，看看答案是什么。

帽子颜色

六、创新的思维过程

从一个创意的想法，到完整可行的方案，直至最终的创新成果，这一过程可以笼统地看作发散性思维与收敛性思维交替发挥作用的过程。

面对一个问题通过发散思维，以较大的广度搜寻解决的想法。对于每个想法又用收敛思维思考其中的逻辑，得到更进一步的子问题。再继续用发散思维寻找解决的想法，循环往复，直至所有的问题都解决，得到最终完整的解决方案。

总 结

运用收敛思维对目前最有价值的创意进行完善，写出尽可能具体的实现方案。

延伸思考

你觉得自己善于做发散性思考还是收敛性思考？何以见得？

单元二 原 型

教学目标

了解原型的概念与作用；为团队的创意项目设计原型并制订创新行动计划。

一、原型是什么

制作原型是从创意迈向创新的关键环节。原型的概念最早出现在工业设计领域，是设计师用来更好地呈现设计理念、验证产品、打磨产品的一种方式，同时也能够起到节约成本的效果。由于创新领域不同及保真度的不同，原型的形式也会有很大的不同，可以是产品的设计图、模型甚至是半成品。原型的作用有以下几个。

（1）完善创意。在制作原型的过程中，在创意构思时忽略的细节得以被关注，创意转变为具体的方案，从而发现未曾考虑到的问题，或由解决方案引发的新的问题，借由这样的过程创意得以完善。

（2）表达创意。原型以直观的方式让人们对创意产生感性认识，这样便于创作团队内部的讨论以及与用户的沟通。例如，设计师设计了一款杯子，除了手绘图之外，可以通过原型真实感知这个杯子，考量它是否美观、舒适、合理。也可以拿给朋友，看看他们是否喜欢。

（3）测试创意。通过原型的展示或测试，获取用户的反馈或测试数据，从而验证用户的真实需求，解决方案能否真正地解决问题或解决到什么程度。依据反馈与数据，再对原型加以改进。这样的迭代过程，可以使最终的成果趋于完善，同时也降低了试错成本以及项目的失败风险。就像要造飞机，会先根据设计做出模型，然后将模型放在风洞中检验气动布局是否合理，然后根据测试结果对模型进行改进。倘若不这么做，而是直接根据设计造出飞机，直接飞上天测试，那后果与成本都将令人难以接受。

（4）进化为创新成果。有的原型和最终成果具有相同的基础架构，于是通过原型的迭代进化就得到了最终的成果。这在计算机软件领域的项目中尤为常见。例如，在软件工程中有一个被称为“螺旋模型”的软件开发过程模型，就强调以原型为基础，通过不断的测试、迭代，以一种螺旋上升的方式演化出最终的软件产品。

二、原型的形式

依据原型所能发挥的作用，可以分为表达型、测试型和进化型三类。表达型是最基本的原型，通常出现在设计阶段，主要运用于创新项目的表达及初期的设计与讨论；测试型应实现部分功能；进化型则要求与最终的成果有一致的基础架构。

依据原型表现产品的真实程度，可分为高保真与低保真两类。几乎完全按照实物来制作的原型就是高保真。反之，粗枝大叶制作的原型就是低保真。制作高保真的原型无论是时间还是成本都相对较高。所以大部分情况下，还是以制作低保真原型为主。

但即便是低保真原型，也并不意味着所有部分都粗枝大叶地做。有些核心功能关联的部分需要做高保真。例如，建筑师制作的房屋模型要能表现出平面空间的布局，而为风洞试验制作的飞机模型也必须能真正地产生浮力。又如，如果是为了检验在线商城购物车功能的原型，就必须完全模拟购物步骤之间的跳转和出错时的提示。总之，原型不能整体都是粗枝大叶地做，而是为了达到目的，在满足最低需要的前提下以最少的资源来制作。

在实现创新的过程中，应根据项目的特质以及发展阶段选用合适的原型形式。

1. 实物产品的原型

初期可采用低保真的表达型原型。例如，画草图、设计图等，甚至用乐高积木来搭建。

中期可采用低保真的测试型原型。例如，用纸板、泡沫板、木板制作的模型。

后期可采用高保真的原型。例如，计算机三维建模、3D 打印实物等。

2. 软件产品的原型

一开始可采用信息框架图或产品流程图，图 6-2 是微信的信息框架图。

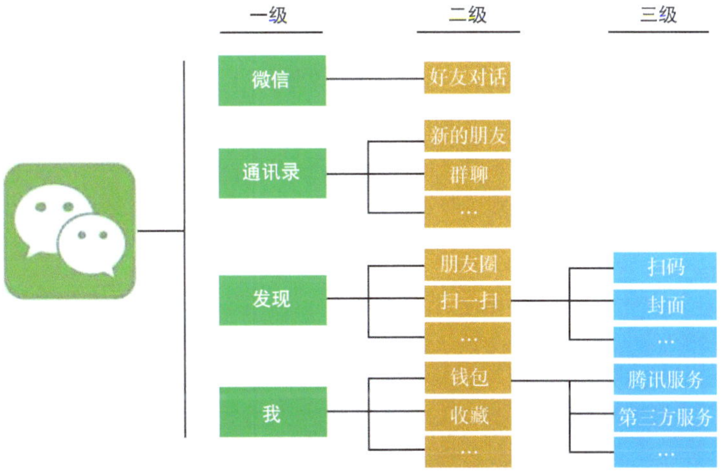

图 6-2 微信的信息框架图

图 6-3 是一张手绘产品流程图。

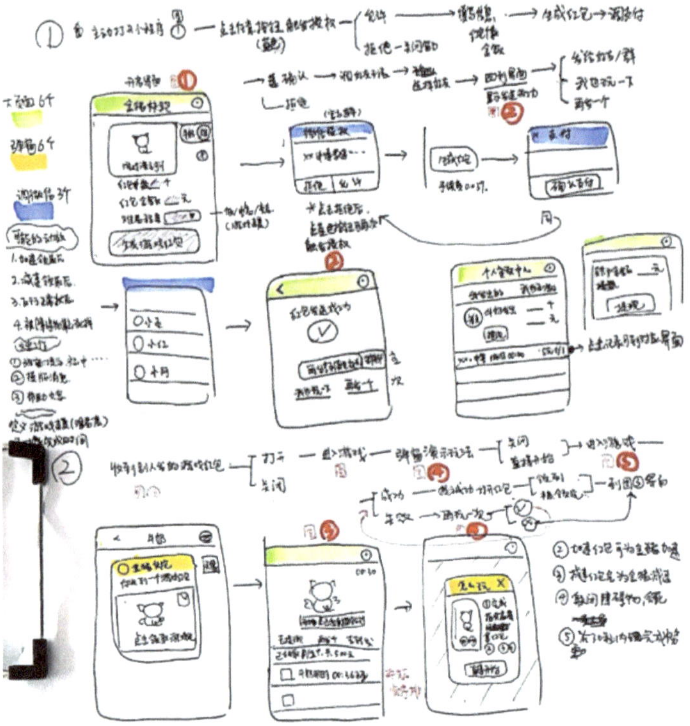

图 6-3　手绘产品流程图

然后可以使用 Axure、墨刀等专门的原型设计工具。用这些工具能做出与最终产品外观一致的原型，并具有一定的交互效果，可以测试出产品的用户体验设计是否合理。图 6-4 是用墨刀进行原型设计的界面。

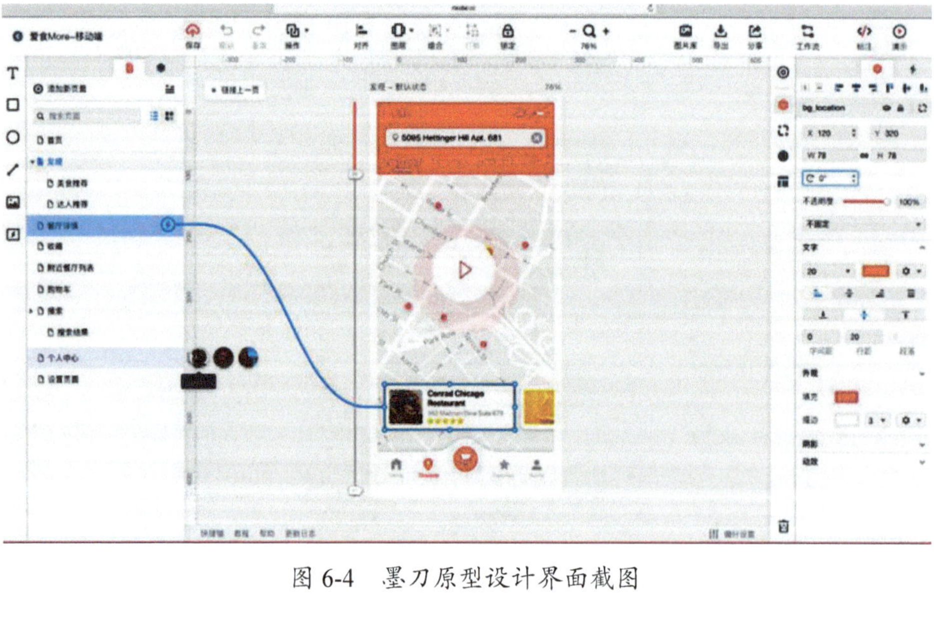

图 6-4　墨刀原型设计界面截图

3. 课堂活动：原型设计

为团队的创意项目进行原型设计。

准备工作：大张海报纸，彩色笔

第一步：将海报纸对折成两部分，在左边的区域绘制原型草图。（10 分钟）

第二步：针对项目中的核心创意，设计原型测试的方案。即要测试什么、用什么样的原型、要怎样测试。将这部分绘制在海报的右边。（10 分钟）

第三步：派出一位团队成员，在班级中介绍展示原型设计的方案。

网上看看：扫描以下二维码看看其他团队的原型设计方案。

原型设计

4. 课堂活动：制订创新行动计划

为了按时、按要求实施创意项目，需要按目标导向的行动计划来落实具体的行动。

准备工作：大张海报纸，彩色笔，便笺

第一步：将海报纸折成四行，在每一行的左边分别写下“谁来做”“做什么”“时间”“验收标准”。

第二步：在第二行与第三行之间画一根时间轴。在时间行的最左边贴一张便笺，写下今天的日期。在最右边贴一张便笺写下项目应完成的日期。

第三步：讨论整个项目要完成的具体任务有哪些，每个任务写一张便笺，按照任务应完成的先后顺序，贴在“做什么”行中。

第四步：在“时间”行中的相应位置处，贴上便笺，写出每个任务应完成的时间。

第五步：用便笺写出每个任务的验收标准，贴在“验收标准”行中，并与对应的任务连线。

第六步：在“谁来做”行中，贴上团队成员的名字，然后讨论每个人的分工，并在“名字”与“任务”之间连线。每个人的任务连线用不同的颜色。

最终的效果如图 6-5 所示。

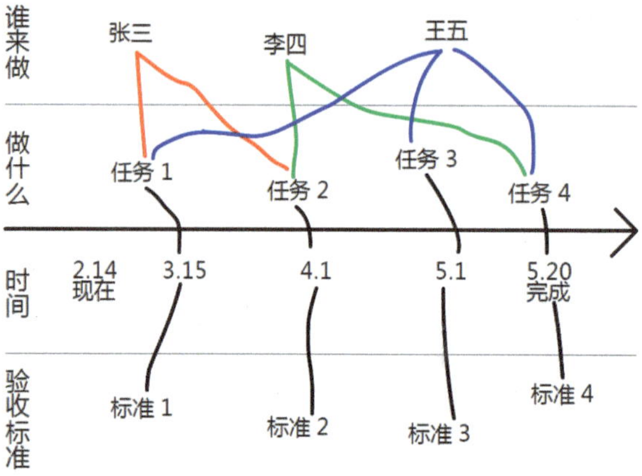

图 6-5　最终的效果

第七步：派出一位团队成员，在班级中介绍展示创新行动方案。

总　结

请回顾本章节的内容，在以下图形中填上适当的内容。

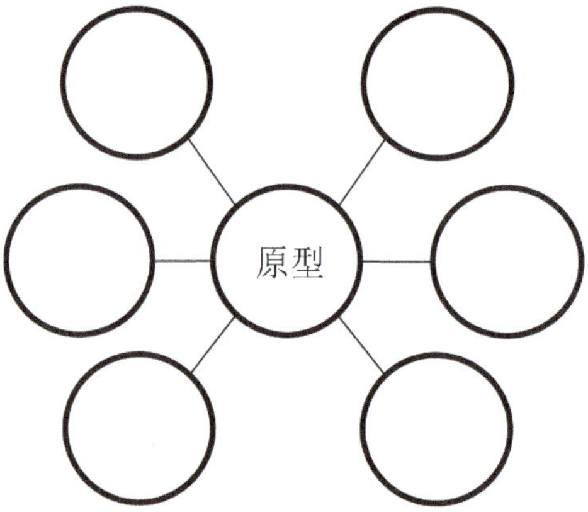

延伸思考

假设你想对一家奶茶店的点餐、付款、取餐的流程进行创新，该如何设计原型并进行测试呢？

本章参考文献

鲁百年 .2015. 创新设计思维 [M]. 北京：清华大学出版社 .